U0106673

故宮

博物院藏文物珍品全集

故宮博物院藏文物珍品全集

藏傳佛教造像

主編：王家鵬

商務印書館

藏傳佛教造像

Buddhist Statues of Tibet

故宮博物院藏文物珍品全集

The Complete Collection of Treasures of the Palace Museum

主　　編……………………王家鵬

副 主 編……………………王躍工

編　　委……………………王子林　李中路　王寶光　劉　盛　胡國強

攝　　影……………………趙　山

出 版 人……………………陳萬雄

編輯顧問……………………吳　空

責任編輯……………………田　村　徐昕宇

設　　計……………………張婉儀

出　　版……………………商務印書館（香港）有限公司
香港筲箕灣耀興道 3 號東滙廣場 8 樓
http://www.commercialpress.com.hk

發　　行……………………香港聯合書刊物流有限公司
香港新界荃灣德士古道 220-248 號荃灣工業中心 16 樓

製　　版……………………中華商務彩色印刷有限公司
香港新界大埔汀麗路 36 號中華商務印刷大廈

印　　刷……………………中華商務彩色印刷有限公司
香港新界大埔汀麗路 36 號中華商務印刷大廈

版　　次……………………2022 年 4 月第 3 次印刷

ISBN 978 962 07 5362 6

All inquiries should be directed to:
The Commercial Press (Hong Kong) Ltd.
8/F., Eastern Central Plaza, 3 Yiu Hing Road, Shau Kei Wan, Hong Kong.

故宮博物院藏文物珍品全集

總序

楊新

故宮博物院是在明、清兩代皇宮的基礎上建立起來的國家博物館，位於北京市中心，佔地72萬平方米，收藏文物近百萬件。

公元1406年，明代永樂皇帝朱棣下詔將北平升為北京，翌年即在元代舊宮的基址上，開始大規模營造新的宮殿。公元1420年宮殿落成，稱紫禁城，正式遷都北京。公元1644年，清王朝取代明帝國統治，仍建都北京，居住在紫禁城內。按古老的禮制，紫禁城內分前朝、後寢兩大部分。前朝包括太和、中和、保和三大殿，輔以文華、武英兩殿。後寢包括乾清、交泰、坤寧三宮及東、西六宮等，總稱內廷。明、清兩代，從永樂皇帝朱棣至末代皇帝溥儀，共有24位皇帝及其后妃都居住在這裏。1911年孫中山領導的“辛亥革命”，推翻了清王朝統治，結束了兩千餘年的封建帝制。1914年，北洋政府將瀋陽故宮和承德避暑山莊的部分文物移來，在紫禁城內前朝部分成立古物陳列所。1924年，溥儀被逐出內廷，紫禁城後半部分於1925年建成故宮博物院。

歷代以來，皇帝們都自稱為“天子”。“普天之下，莫非王土；率土之濱，莫非王臣”（《詩經．小雅．北山》），他們把全國的土地和人民視作自己的財產。因此在宮廷內，不但匯集了從全國各地進貢來的各種歷史文化藝術精品和奇珍異寶，而且也集中了全國最優秀的藝術家和匠師，創造新的文化藝術品。中間雖屢經改朝換代，宮廷中的收藏損失無法估計，但是，由於中國的國土遼闊，歷史悠久，人民富於創造，文物散而復聚。清代繼承明代宮廷遺產，到乾隆時期，宮廷中收藏之富，超過了以往任何時代。到清代末年，英法聯軍、八國聯軍兩度侵入北京，橫燒劫掠，文物損失散佚殆不少。溥儀居內廷時，以賞賜、送禮等名義將文物盜出宮外，手下人亦效其尤，至1923年中正殿大火，清宮文物再次遭到嚴重損失。儘管如此，清宮的收藏仍然可觀。在故宮博物院籌備建立時，由“辦理清室善後委員會”對其所藏進行了清點，事竣後整理刊印出《故宮物品點查報告》共六編28

冊，計有文物117萬餘件（套）。1947年底，古物陳列所併入故宮博物院，其文物同時亦歸故宮博物院收藏管理。

二次大戰期間，為了保護故宮文物不至遭到日本侵略者的掠奪和戰火的毀滅，故宮博物院從大量的藏品中檢選出器物、書畫、圖書、檔案共計13427箱又64包，分五批運至上海和南京，後又輾轉流散到川、黔各地。抗日戰爭勝利以後，文物復又運回南京。隨着國內政治形勢的變化，在南京的文物又有2972箱於1948年底至1949年被運往台灣，50年代南京文物大部分運返北京，尚有2211箱至今仍存放在故宮博物院於南京建造的庫房中。

中華人民共和國成立以後，故宮博物院的體制有所變化，根據當時上級的有關指令，原宮廷中收藏圖書中的一部分，被調撥到北京圖書館，而檔案文獻，則另成立了“中國第一歷史檔案館”負責收藏保管。

50至60年代，故宮博物院對北京本院的文物重新進行了清理核對，按新的觀念，把過去劃分“器物”和書畫類的才被編入文物的範疇，凡屬於清宮舊藏的，均給予“故”字編號，計有711338件，其中從過去未被登記的“物品”堆中發現1200餘件。作為國家最大博物館，故宮博物院肩負有蒐藏保護流散在社會上珍貴文物的責任。1949年以後，通過收購、調撥、交換和接受捐贈等渠道以豐富館藏。凡屬新入藏的，均給予“新”字編號，截至1994年底，計有222920件。

這近百萬件文物，蘊藏着中華民族文化藝術極其豐富的史料。其遠自原始社會、商、周、秦、漢，經魏、晉、南北朝、隋、唐，歷五代兩宋、元、明，而至於清代和近世。歷朝歷代，均有佳品，從未有間斷。其文物品類，一應俱有，有青銅、玉器、陶瓷、碑刻造像、法書名畫、印璽、漆器、琺瑯、絲織刺繡、竹木牙骨雕刻、金銀器皿、文房珍玩、鐘錶、珠翠首飾、家具以及其他歷史文物等等。每一品種，又自成歷史系列。可以説這是一座巨大的東方文化藝術寶庫，不但集中反映了中華民族數千年文化藝術的歷史發展，凝聚着中國人民巨大的精神力量，同時它也是人類文明進步不可缺少的組成元素。

開發這座寶庫，弘揚民族文化傳統，為社會提供了解和研究這一傳統的可信史料，是故宮博物院的重要任務之一。過去我院曾經通過編輯出版各種圖書、畫冊、刊物，為提供這方面資料作了不少工作，在社會上產生了廣泛的影響，對於推動各科學術的深入研究起到了良好的作用。但是，一種全面而系統地介紹故宮文物以一窺全豹的出版物，由於種種原因，尚未來得及進行。今天，隨着社會的物質生活的提高，和中外文化交流的頻繁往來，無論是中國還是西方，人們越來越多地注意到故宮。學者專家們，無論是專門研究中國的文化歷史，還是從事於東、西方文化的對比研究，也都希望從故宮的藏品中發掘資料，以探索人類文明發展的奧秘。因此，我們決定與香港商務印書館共同努力，合作出版一套全面系統地反映故宮文物收藏的大型圖冊。

要想無一遺漏將近百萬件文物全都出版，我想在近數十年內是不可能的。因此我們在考慮到社會需要的同時，不能不採取精選的辦法，百裏挑一，將那些最具典型和代表性的文物集中起來，約有一萬二千餘件，分成六十卷出版，故名《故宮博物院藏文物珍品全集》。這需要八至十年時間才能完成，可以説是一項跨世紀的工程。六十卷的體例，我們採取按文物分類的方法進行編排，但是不囿於這一方法。例如其中一些與宮廷歷史、典章制度及日常生活有直接關係的文物，則採用特定主題的編輯方法。這部分是最具有宮廷特色的文物，以往常被人們所忽視，而在學術研究深入發展的今天，卻越來越顯示出其重要歷史價值。另外，對某一類數量較多的文物，例如繪畫和陶瓷，則採用每一卷或幾卷具有相對獨立和完整的編排方法，以便於讀者的需要和選購。

如此浩大的工程，其任務是艱巨的。為此我們動員了全院的文物研究者一道工作。由院內老一輩專家和聘請院外若干著名學者為顧問作指導，使這套大型圖冊的科學性、資料性和觀賞性相結合得盡可能地完善完美。但是，由於我們的力量有限，主要任務由中、青年人承擔，其中的錯誤和不足在所難免，因此當我們剛剛開始進行這一工作時，誠懇地希望得到各方面的批評指正和建設性意見，使以後的各卷，能達到更理想之目的。

感謝香港商務印書館的忠誠合作！感謝所有支持和鼓勵我們進行這一事業的人們！

1995年8月30日於燈下

目錄

文物目錄

西藏周邊地區類型造像

西藏本地類型造像

內地類型造像

導言

王家鵬

故宮藏傳佛教造像概論

青藏高原壯美而神奇。勇敢智慧的藏族人民在這世界屋脊上創造了有着鮮明民族特色和獨具地域特徵的藏傳佛教造像藝術。藏傳佛教神靈眾多，形象奇異，既有源於印度晚期佛教的密教金剛乘、時輪乘諸神，也有西藏原始本教神，還有漢地及蒙古神祇，其造像內容豐富多彩。造像所用材質有泥、石、木、金銅等，而其中最具代表性的當數金銅佛造像。一千多年來，各民族工匠們製作了大量金銅佛像，充分體現了藏傳佛教造像的藝術成就。

故宮作為明、清兩代皇宮，由於歷史的機緣庋藏了大量的藏傳佛教金銅佛造像，成為中國除西藏地區之外藏品最豐富的國家博物館。這些藏品原為清宮舊藏，主要是西藏、蒙古等地的貢品和元、明、清三代的宮廷作品，可以說是匯聚了各地的藏傳佛像精華，不僅時代跨度大、產地多，集中反映了藏傳佛教造像的發展脈絡，顯示出不同時代、不同地區的造型特點與藝術成就，而且蘊涵了豐富的歷史文化信息，在中國藏傳佛教造像研究中具有無可替代的地位。

藏傳佛教及其造像的傳播

藏傳佛教是中國佛教的重要一系。自7世紀中葉，佛教從中原和印度分兩路傳入西藏至今，已有一千三百多年的歷史。在這漫長的歲月裏，佛教既經歷了同藏族原有的本教的鬥爭和融合，也經歷了自身內部教派的分化和消長，逐漸紮根於雪域高原，形成了具有獨特思想體系的藏傳佛教。

藏傳佛教的發展分為前弘期與後弘期兩段，前弘期從7世紀中葉佛教傳入西藏開始，至9世紀初吐蕃贊普郎達瑪奉行滅佛政策，佛教在西藏遭受沉重打擊為止。此後佛教在西藏滅寂百餘年，到10世紀末才逐漸經西康、青海上下兩路重新弘傳復甦，為後弘期開端。後弘期的藏傳佛教直接繼承了東印度帕拉王朝盛行的無上瑜伽密教，並以密教的不同傳承形成諸多教派，修建了眾多的寺院，客觀上推動了其造像藝術的發展。元代以後，隨着藏傳佛教的東傳，藏傳佛教藝術開始流傳於內地。

13世紀以後，藏傳佛教相繼得到元、明、清三代朝廷的重視與扶植。清王朝甚至把"興黃安蒙"作為一項重要的邊疆政策，通過藏傳佛教的影響力治理蒙藏地區。這一政策在促進內地與西藏文化交流的同時，也使得藏傳佛教在清宮中紮根。

清王朝17世紀初崛起於遼東，原來信仰薩滿教，當時與其比鄰的東部蒙古地區普遍信仰藏傳佛教，為招徠蒙古諸部，努爾哈赤極力推崇藏傳佛教。天命六年（1621），西藏大喇嘛斡祿打兒囊素率徒眾從東蒙來到遼陽，得到努爾哈赤的尊重與供養，並在其圓寂後修建寺塔，立碑紀念。天聰八年（1634）清太宗皇太極征服蒙古林丹漢部，獲得元初八思巴所鑄嘛哈噶喇金像，皇太極特建嘛哈噶喇樓及實勝寺供奉，這是最早為清代宮廷供奉的藏傳金銅佛像。到實勝寺禮佛，成為清帝在盛京的重大祭祀活動。崇德四年（1639）皇太極派人赴藏延致高僧，崇德七年（1642）又隆重接待了衛藏的使者。崇德八年（1643）太宗在盛京周圍敕建了東塔永光寺、西塔延壽寺、南塔廣慈寺、北塔法輪寺等四塔四寺，全部為藏傳佛教寺院。全中國統一後，清王朝於康熙三十六年（1697）設立了主管宮廷喇嘛唸經、造辦佛像等事物的機構"中正殿唸經處"。乾隆時期又設立了"雍和宮管理王大臣"，專管雍和宮佛教活動。佛事活動的制度化，說明藏傳佛教已經取代薩滿教成為清皇室的宗教信仰。

乾隆時期，在宮中遍設佛殿，紫禁城中先後修建了中正殿、雨花閣、寶相樓、吉雲樓、梵華樓、佛日樓等三十多處藏傳佛教殿堂，連皇家御苑中也梵刹林立。乾隆十五年前後還特建滿族喇嘛寺，喇嘛全為滿人，誦滿文大藏經。不僅如此，宮廷佛事也很頻繁，每天都有喇嘛在皇宮御苑中唸經作佛事，每年達二千多人次。帝后們亦經常到佛堂拈香拜佛，聆聽喇嘛誦經，觀看法事。隨着藏傳佛教對清皇室的影響達到頂峯，佛教文物典藏也得到了極大的豐富。宮廷佛殿中珍藏着數以萬計的藏傳佛教珍品，其中金銅佛造像尤為突出。

故宮庋藏造像的來源及其意義

故宮博物院庋藏的藏傳金銅佛像可謂是精品薈萃，其主要來源有兩個，一是來自清代藏、蒙等地的貢品。自元以來，西藏與中央政府聯繫日益密切，各派佛教首領和民族上層人物紛紛赴京向皇帝進貢，接受朝廷封賞。順治九年（1652）五世達賴進京朝覲，得到朝廷封號，確立了達賴喇嘛在西藏佛教中的領袖地位。此後，西藏佛教上層人物為得到朝廷的封號，提高自己的地位，頻繁入貢，朝廷則給與豐厚的回賞。當時他們進貢朝廷的主要是佛像、唐卡、法器等物品。這些藏傳佛教藝術精品，既顯示了西藏佛教藝術的成就，又反映了清王朝治理蒙、藏邊疆的歷史進程，展現了清代漢、滿、蒙、藏等民族之間密切的文化交流。二是來自元、明兩朝宮中舊藏與清代宮廷製作。藏傳佛教得到元、明、清三代皇室的尊崇，深刻影響了當時的宮廷生活。元代的梵像提舉司、明代的御用監佛作、清代的中正殿唸經處，都是皇帝造辦佛像的專設機構，現存佛像主要是清代宮廷作品。

故宮藏傳佛像的可貴之處還在於保留了清代喇嘛高僧的鑑定記錄。根據文物實況與清代文獻記載可知，藏傳佛像貢進皇宮後，要請章嘉、土觀、阿旺班珠爾等駐京胡土克圖鑑定，然後用漢滿兩種文字在黃色紙條上寫明佛像品種、名稱、來源、時間，再拴在佛像上，稱為“黃條”。或在佛龕上用漢、滿、蒙、藏四種文字刻寫銘文。據《章嘉國師若必多吉傳》記載，清代宮廷佛像的大量鑑定標名工作始於乾隆時期：“乾隆帝降旨說：‘至今宮廷內漸次供養之佛像、佛經、佛塔等不可勝數，造像材料和各像面目無法識別，難以整理。請將這些佛像分別開來，用蒙藏兩種文字標出名號。’於是，由章嘉活佛為首的赤欽活佛等駐京高級喇嘛及理藩院的文書謄寫人員，用了兩個月時間，仔細察別。具詳進呈，甚合帝意，嘉獎殊厚。”清宮《養心殿造辦處各作成做活計清檔》（簡稱《活計檔》）中還記錄了許多佛像的鑑定過程：“雍正元年，……怡親王交銅古佛一尊。……五塔寺阿撒拉達喇嘛認看同稱此佛係文殊菩薩，背後刻之字係迦毗羅國字，字義是佛心咒語。”“乾隆二十年二月初九日，和碩果親王將內廷交出紫檀木龕一座，奉旨着張家（章嘉）胡圖克圖認看，佛像背後刻四樣字，欽此。”三世章嘉若必多吉是清代著名的佛教大師，是當時北京、山西、內蒙等地藏傳佛教最高活佛，也是乾隆皇帝修習藏傳佛教的上師和佛教顧問，他精於佛像的繪塑與鑑定，不僅親自指導宮廷佛殿的建築，佛像、法器的製作，還編撰了《諸佛菩薩聖像讚》、《三百佛像集》等造像學著作。

大量的黃條和佛龕題記，反映了清代藏傳佛教高僧對佛像的認識與研究水平。就章嘉等清代高僧的佛學與造像學水平而言，今人難以企及。經他們確定的佛像名稱與分類，至今仍具有重要的參考價值，為研究藏傳佛像的歷史原貌，了解當時佛像來源、分類、名稱提供了可靠的標尺文物，可以從中找到古代藏傳佛像產地、年代、質地等重要綫索與依據。如“扎什琍瑪”佛像為歷世班禪敬獻，可以斷定是後藏日喀則地區扎什倫布寺系統造像工匠所製，“噶克達穆琍瑪”是原噶當派寺院工匠所製，“巴勒布琍瑪”是尼泊爾工匠所製，這就使得原本只是古代藏文文獻中提到的佛像分類名稱，得到實物證實。

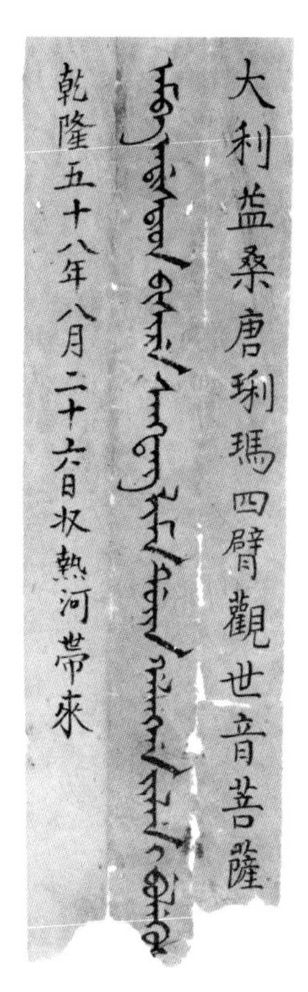

怪異神奇的密教與複雜多變的造型是藏傳佛教造像的突出特點，要搞清每尊佛像的準確名稱殊屬不易。而故宮的藏傳佛教造像不僅有準確的漢文名稱，一些佛像名稱還用漢、滿、蒙、藏四種文字書寫。不僅有常見的佛、菩薩，還完整保存了全堂的密宗四部佛像，這是藏傳佛教最為深奧秘密的部分。而對此貢獻最大的，正是清乾隆時期著名的高僧三世章嘉若必多吉國師，他為藏傳佛教圖像學的系統化、規範化，作了重要貢獻。這不僅為清代藏傳佛教藝術在內地的傳播起到了橋樑和紐帶作用，就是對今天的藏傳佛教圖像研究仍有重要的參考價值。

故宮的藏傳佛像除有黃條、佛龕題記外，還在內務府的《奏銷檔》、《活計檔》等皇家檔案中記錄了收藏、製作過程。這在西藏雕塑藝術史研究，乃至中國雕塑藝術史研究中都有特殊的意義。因為中國古代從事雕塑藝術的，只是地位低下的工匠，文人墨客不屑於為其作文記錄，所以有關古代雕塑藝術的文獻資料極為缺乏，只有《元代畫塑記》等少量文獻流傳，故宮的藏傳佛像及與之相關的大量檔案，實為中國古代雕塑藝術史上的寶貴資料。

清代宮廷對造像的分類

故宮庋藏的藏傳金銅佛造像，可以證明古代對藏傳金銅佛造像分類是以材質、產地和風格為基礎的。藏傳佛教造像所用材料主要為各種銅合金，一般分為紅銅、黃銅、青銅三種，實際上所用銅的種類很多，藏語稱之為“琍瑪”（li-ma），其含意包括各類響銅製品，特指東印度銅佛像。西藏眾多大寺院都有“琍瑪拉康”，即響銅佛殿，收藏寺內的貴重佛像。藏族人認為古響銅佛像比純金佛像更為貴重，五世達賴就曾親自為《布達拉宮響銅佛殿志》撰寫書首禮讚[1]。而布達拉宮的琍瑪拉康，至今仍收藏着大量珍貴的響銅佛像。

16世紀的噶舉派僧人白瑪噶波[2]和18世紀的晉美林巴都著有關於各種琍瑪以及印度、尼泊爾、西藏、漢地、蒙古等地佛像特點的著作[3]，並就材質與風格對藏傳金銅佛像作了分類。

可見西藏的高僧對於金銅佛像的材質、產地早有研究。當代藏族學者扎雅在《西藏宗教藝術》一書中描述了古代藏文文獻中記載的各種琍瑪佛像，並依各種佛像最初製作的國家和地區分為印度琍瑪佛像、蒙古琍瑪佛像、尼泊爾琍瑪佛像、漢地琍瑪佛像、西藏琍瑪佛像五類。

清代宮廷中的藏傳佛像，據現存實物、題記及檔案記載統計有十六種名稱，考察各種名稱佛像的造型、風格及工藝特點，概括其定名範圍與標準大體如下：

1. 梵銅琍瑪（rgya-gar li-ma）：即印度琍瑪，“梵”是藏文“印度”的對譯，印度風格造像包括斯瓦特像、克什米爾像、東北印度像、尼泊爾像和西藏早期仿印度樣式的作品。

2. 梵銅舊琍瑪：所指範圍與梵銅琍瑪相同，標明“舊”字，說明年代久遠。

3. 番銅琍瑪：即西藏琍瑪，是西藏本地作品，風格多樣。有些與梵銅琍瑪像類型一致，是西藏早期仿印度作品。

4. 番銅舊琍瑪：多為 15 世紀前年代較早的西藏本地作品。

5. 番造：所指與番銅琍瑪一致，指明為西藏所造。

6. 巴勒波琍瑪：即尼泊爾琍瑪，清代藏語中稱尼泊爾為“巴勒波”，亦譯為“巴勒布”。

7. 桑唐琍瑪：標此名者多保留有印度帕拉王朝及尼泊爾造像風格，其工藝特點鮮明，造型優美，一些西藏作品也標此名。

8. 紅琍瑪：為 15 世紀尼泊爾風格像。銅色為淺咖啡色。

9. 黃琍瑪：清宮檔案中有記載，但保留題記的佛像尚未發現。

10. 扎什琍瑪（bkra-shis li-ma）：即扎什倫布寺琍瑪，日喀則扎什倫布寺作品，為歷代班禪所獻。

11. 紫金琍瑪（dzi-kishm li-ma）：有西藏地區作品，也有乾隆時期宮廷仿藏作品，選用多種貴重材料合金鑄造，黝黑顏色中泛出紫色瑩光。

12. 嘎克達穆琍瑪（bod-li rnying-pa li-ma）："嘎克達穆"即"噶當"的異譯，標此名稱的銅像，為噶當派寺院製作的佛像。

13. 流祟干琍瑪："流祟干"是藏文音譯，據考證其意為"來烏羣的"（slevu-chung-gi），即"來烏羣巴琍瑪佛像"，據《一世達賴喇嘛傳》記載，"來烏羣巴"是15世紀中期西藏拉薩地區的著名工匠，曾主持建造了扎什倫布寺強巴佛大銅像。[4]

14. 利益新造：即清乾隆時期宮廷新造佛像。

15. 銅胎利益佛：即清同治、光緒年間名稱。已無鑑定意義。（本書未收）

16. 利益漢像：漢地佛像。（本書未收）

清代宮廷對藏傳佛像的分類有以下特點：

1. "梵銅琍瑪"、"梵銅舊琍瑪"、"番銅琍瑪"、"番銅舊琍瑪"、"番造"、"巴勒波琍瑪"是按產地劃分，與藏文文獻中分類一致。漢地、蒙古琍瑪未標名，皆因年代久遠，造像題記多已不存。

2. "紫金琍瑪"、"紅琍瑪"、"黃琍瑪"、"桑唐琍瑪"，是根據銅質及工藝特點劃分的。

3. "扎什琍瑪"、"嘎克達穆琍瑪"則按教派寺院定名。

4. "流祟干琍瑪"是著名工匠的作品。

比較藏文文獻與清宮的實物分類，二者大體一致。從故宮現存佛像黃條、佛龕題記統計，多數標名為"梵銅琍瑪"、"番銅琍瑪"（包括舊琍瑪）兩類，其餘名稱是少數，由此可見藏傳金銅佛像就其造型、風格總體概觀，主要分為印度與西藏本地兩大部分。以今天考古類型學標準衡量，這種分類雖然存在着標準不一、含義寬泛等不足，但它真實反映了當時人們對金銅佛像的認識水平。

造像的地域類型

根據文獻與實物的古代分類方法，再考察故宮的藏品，本卷按地域將藏傳佛像分為三大類型：一、西藏周邊地區；二、西藏本地；三、內地。三者均以西藏為樞紐，彼此密切關聯，組成完整的藏傳佛教造像系統。

（一）西藏周邊地區類型

清宮舊藏的西藏周邊地區造像來自環喜瑪拉雅山的廣泛地區，包括古代西北、東北印度以及尼泊爾等地。西藏與環喜瑪拉雅山各國接壤，隨着佛教的傳入，西藏人到印度朝聖取經，迎請國外高僧到西藏傳法譯經，外國工匠到西藏參與修建寺廟，製作佛像，把技藝傳授給藏族工匠。[5]同時，大量原產印度等地的佛像也經由各種渠道流入西藏、青海等地寺院，成為寺中世代珍藏供養的佛寶。

故宮收藏的藏傳佛教造像中標名“梵銅琍瑪”的藏品，對比國外各博物館所藏的相關地區作品，可以明確分辨出為以下地區佛像。

1. 斯瓦特，即今巴基斯坦北部斯瓦特河谷地區，古屬犍陀羅，唐代稱烏仗那國。[6]這裏佛教曾十分興盛，8世紀時是無上瑜伽密教的發源地之一，西藏密教祖師蓮花生即是此地人。從8世紀蓮花生到西藏傳法開始，這裏就與西藏有了聯繫，西藏人一直視其為佛教聖地。儘管流傳到西藏的斯瓦特銅像已是晚期犍陀羅藝術的餘緒，但仍可從其造型中找到淵源關係。故宮所藏斯瓦特佛像的時代約在7至9世紀。

2. 克什米爾，在印度西北喜瑪拉雅山區，古稱迦濕彌羅，這裏羣山環抱，歷史悠久，在印度佛教史上佔有重要地位。[7] 10世紀末佛教在西藏復興，阿里古格王益西沃即選派仁欽桑布等人到克什米爾學習佛教，仁欽桑布學成返藏，並迎請佛教大師到藏傳法，同時邀請克什米爾建築家到古格從事寺廟修建工作。隨着佛教在阿里地區的復興，克什米爾的造像藝術也傳入藏西地區。故宮所藏克什米爾佛像約為7至11世紀作品。

3. 東北印度，主要指東印度帕拉王朝（Pala）及相關地區。帕拉王朝在8世紀中期崛起，主要統治區域在今天印度比哈爾邦和孟加拉一帶，延續了約四百年之久。後弘期的西藏佛教直接傳承了帕拉王朝盛行的無上瑜伽密教，其造像藝術對西藏影響深遠。後弘期最有影響的高僧阿底峽（982—1054）就是東印度人，為摩揭陀超岩寺上座，後來他在阿里、衛藏地區傳播佛教，被尊為噶當派祖師。清宮標名的"嘎克達穆琍瑪"即"噶當琍瑪"就是噶當派寺廟所屬作坊製作的銅像。故宮收藏的帕拉銅像數量不少，多為7至12世紀各期作品。

4. 尼泊爾王國位於西藏西南，自古與西藏經濟文化關係緊密。尼泊爾工匠長期在藏工作，其造像工藝技術對西藏影響深遠，特別是13世紀後印度佛教滅寂，尼泊爾佛教影響更為深廣，不僅在西藏，而且擴大到中原內地。尼泊爾佛像造型源於印度，主要吸收東北印度帕拉造像的因素，獨立發展，自成系統。西藏寺廟中的許多精美佛像就是尼泊爾工匠的作品，故宮藏年代最早的尼泊爾佛像約為8至9世紀作品，一直延續到18世紀。

印度佛教藝術史一般分為四個時期：一、古代期；二、貴霜期；三、笈多期；四、密教期。這批銅像正是密教期（7—12世紀）作品，有原產外國後流入西藏的，也有外國工匠在西藏製作的，以及藏族工匠的仿作，以"梵銅琍瑪"的形式成為藏傳金銅佛像大系統的一部分，這是西藏與印度、尼泊爾佛教藝術長期交流的結果。這些外來的藝術形式對西藏佛教藝術發展影響深遠，不僅是西藏藝術的重要源頭，也是記錄中印佛教藝術交流的寶貴實物，由於中國內地尚未發現印度古佛像，故宮庋藏的印度、尼泊爾佛像流傳千載，更顯珍貴。

（二）西藏本地類型

故宮舊藏的藏傳佛教造像主體是西藏本地作品，考察其風格、造型變化，可分為四期：

1. 佛教前弘期（7—9世紀），即吐蕃時期。據《拔協》等藏文古籍記載，當時漢地、于闐、尼泊爾、印度等地工匠都曾在藏工作，把各地的佛像式樣和造像技術傳播到西藏。朗達瑪滅佛後，吐蕃時期的寺廟、佛像多遭摧毀，故前弘期作品遺留稀少，一些9世紀前印度、尼泊爾風格的作品，如四臂彌勒菩薩坐像（圖3），很有可能是吐蕃時期佛像的遺珍。

2. 佛教後弘期前期（10—13世紀）。這一時期的造像多摹仿外來藝術風格，大體說來藏西地區受西北印度斯瓦特、克什米爾藝術影響；藏中、藏南地區更多地受東北印度帕拉王朝、尼泊爾藝術影響；藏東地區受漢地藝術影響。

3. 後弘期中期（14—16世紀）。這一時期的造像逐漸成熟，約在15世紀達到鼎盛時期。元、明兩朝，西藏與內地聯繫日益緊密，漢藏藝術雙向交流，成為西藏佛像藝術風格的主流。

4. 後弘期後期（17—19世紀）。18世紀前後，在清王朝的扶持下，格魯派在西藏取得統治地位。佛教的興旺促進了佛教藝術的繁榮，這是西藏佛教藝術發展的最後一個高潮。

清宮廷將西藏佛像標名為"番銅琍瑪"、"番銅舊琍瑪"、"番造"，印度特點較多的則標名"梵銅琍瑪"，二者多有混淆，但從造型細節的刻畫，工藝技巧的差異，可以大致分辨出西藏與印度作品。

13世紀前西藏佛像中本地特徵最突出的是藏西地區造像。藏西地區是西藏佛教後弘期復興的重要地區，所以現存11至12世紀佛像多是藏西風格。時代最早的約為10至11世紀作品，吸收了克什米爾、帕拉造像手法，把印度作品精細複雜之處全部簡化，造型樸拙粗獷，如同侍從無量壽佛坐像（圖85）是一尊很有代表性的10至11世紀西藏本地作品，其背光基本仿自帕拉造像，但繁複精緻的裝飾全省略，裸體不刻衣紋，印度式的大眼睛變為細腿的長眼睛，像後背凸凹不平，工藝粗糙，但富有生氣，反映出藏族工匠在摹仿印度形式的過程中樸素率真的審美情趣，及逐漸形成的民族風格。不動金剛立像（圖88）約為11至12世紀作品，寬肩、細腰、大手，姿態僵硬近似木偶，給人一種稚拙感，背光台座形式仿帕拉造像，但把帕拉形式簡化，反映出早期藏地佛教雕塑的面貌。早期西藏作品用料以黃銅為主，極少鎏金，工藝技巧主要仿克什米爾、帕拉藝術形式，有不同的藝術流派。而13至14世紀的桑唐琍瑪像，如手持金剛立像（圖120）、觀音菩薩立像（圖123）、綠度母坐像（圖134）等，工藝已十分純熟。一般而言，造像時代越早，風格越古拙質樸，造型簡略而工藝粗糙，但有活力，尤其是忿怒相護法神，表現出強烈的律動感，多見不動明王，手持金剛等形象。如手持金剛立像（圖121），金剛雙目圓睜，赤髮紅鬚，似戴面具，形象兇猛。其他如毗盧佛坐像（圖131），面相莊嚴安詳，眉間白毫嵌金，髮髻高扁，冠葉間細綫連結（14世紀後就少有冠葉間連綫），造型典雅傳神，是13至14世紀的傑作。大體上15世紀前的造像風格多變，樣式豐富，從背光、台座、瓔珞裝飾等細部可以看出摹仿印度、尼泊爾的因素，但不同地區、不同師承、不同藝術流派表現各異，互不協調。

13世紀後，西藏的佛教造像形成比較統一的本土藝術風格，這種變化是與西藏歷史的發展，

特別是佛教自身的發展緊密聯繫的。13世紀中後期，西藏納入祖國版圖，統一於元朝中央政府管轄之下，薩迦派佔據了統治地位，其教主成為西藏政教合一的首領。此後明代的帕竹噶舉派和清代的格魯派先後執掌西藏政教大權，雖然各派之間的紛爭從未停止，但相對統一的政治局面，必然對佛教及其藝術的發展產生重要影響，這是13世紀後藏傳佛教造像風格漸趨一致的客觀歷史條件。當時各派風格逐漸融合，形成一種更為統一的表達方式，這種統一的新形式表現在帽冠、服飾、蓮座、背光形式基本一致，印度、尼泊爾等外來影響已不明顯，如14、15世紀左右的五葉冠式樣已基本統一，正中冠葉突出裝飾珠寶，下托彎月形飾物，蓮座為圓角三角形，仰覆蓮瓣上下兩道細聯珠綫，蓮瓣細密。背光多為橢圓、葫蘆形兩種。這一時期製作的毗盧佛坐像（圖145），身材比例準確，形象端莊祥和，翻捲盤繞的長帛劃出優美的弧綫，靜態中增添了動態美，工藝極精湛；無量壽佛坐像（圖141）的蓮座雕刻極為精美；空行佛母立像（圖174），軀體造型準確，動感強烈，把象徵智慧與力量的飛行女神表現得生機勃發。從這些佳作中可見此時西藏工匠的工藝水平已發展成熟，並逐漸達到高峯。15世紀早期的江孜白居寺的佛教雕塑藝術，則是藏族藝術家創作達到高峯的標誌。

元代以後西藏與內地佛教藝術的密切交流，使藏傳佛像融入了大量漢地佛像藝術因素。例如，噶當派寺院工匠製作的賢德佛龕像（圖157），袈裟上凸起的衣紋，就是採用了漢地的造像工藝。釋迦牟尼佛坐像（圖220）為宣德元年（1426）內地所造，着袒右袈裟，右肩搭覆袈裟一角，通體光滑無衣褶。從這尊有準確紀年的佛像可見當時漢藏兩地佛教造像工藝的相互影響。

扎什琍瑪像是扎什倫布寺所造，其工藝特點鮮明。如乾隆四十五年（1780）六世班禪進獻的釋迦牟尼佛坐像（圖154），約為15世紀作品，然尚有帕拉造像遺風，嵌松石、珊瑚則是西藏人喜歡的做法。另一件六世班禪進獻的金質宗喀巴坐像（圖193），造型簡潔，背光台座繁縟華麗，是扎什琍瑪像中最珍貴的作品。17世紀後藏傳佛教造像趨於簡單化、形式化，整體藝術水平下降，但扎什琍瑪像仍保持較高的藝術水平。

(三) 內地類型

13世紀後，西藏與內地的聯繫更加密切，元、明、清的中央政府都奉行扶植藏傳佛教的政策，藏傳佛教得以東傳內地，而內地的藏傳佛教造像以宮廷作品最具代表性。

元朝皇室崇信藏傳佛教，在宮廷內外建寺造佛大辦佛事，並專設梵像提舉司總管繪畫佛像及土木刻削之工。當時長期主持宮廷繪塑工作的是尼泊爾藝師阿尼哥（1243—1306），他技藝卓越，深受朝廷器重，凡兩京寺觀之像多出其手。他把尼泊爾、西藏的金工技藝及佛像式樣傳播內地，流風所及影響了整個元代藝壇，培養出劉元等一批優秀雕塑家。阿尼哥所傳佛樣，一般稱為"梵式"造像，但迄今為止尚未發現一件阿尼哥所造佛像，有關他造佛像的文字材料只在《元代畫塑記》中有少量記載："大德九年（1305）十一月四日，司徒阿尼哥等奉皇后懿旨，中心閣佛像欲歲久不壞，可用銅鑄之。又工物令中政院措辦，仍塑千手眼佛，期同時畢工，鑄造阿彌陀等五佛，各帶光燄蓮花座，塑造千手眼大慈悲菩薩及左右菩薩用物：黃蠟白色四百十八斤，心紅二十六斤八兩，俞石四千五百六十五斤，赤銅八百四十三斤，……"。從其用料單分析，可知是用失蠟法精鑄的黃銅像。元代內地製作的藏傳佛像數量應當不少，可惜目前只在故宮發現兩件能確證為元代的作品，其一為文殊菩薩坐像（圖209），紅銅底板中心鐫刻十字杵紋，並刻銘文一周，文字清晰準確，依其銘文可知其製作時間是大德九年（1305），造佛人高全信，製作地點在內地。文殊面相特徵頗似薩迦南寺康薩欽莫大佛殿內金剛持像、大釋迦佛像等13世紀薩迦佛像。[8] 其二為釋迦牟尼佛坐像（圖210），佛後背刻銘文"丙子至元二年（1336）"，其完整的漢文題記證明此像也是在內地鑄造。其造型特點與居庸關過街塔門券壁面雕刻佛像近似。過街塔始建於元至正二年（1342），完成於至正五年（1345），由西藏薩迦派喇嘛"授匠指畫督治其工"。[9] 居庸關過街塔的雕刻是藏傳佛教藝術在中原最傑出的代表，與阿尼哥創立的藝術傳統有直接聯繫。這兩尊有準確紀年的元代內地所造藏傳佛像，時間為1305、1336年，正當阿尼哥在元大都主持繪塑的後期，為阿尼哥所傳西天梵相，提供了重要的參證。二像與13、14世紀西藏佛像特徵一致，尤與薩迦佛像相似，説明阿尼哥的梵像，實為有尼泊爾造像因素的西藏薩迦佛像。

元亡之後，藏傳佛教並未隨北元退走大漠，而是繼續與明廷保持着密切聯繫，一直在宮廷內有着很大影響。明政府對西藏實行多封眾建之策，對來朝貢的各派佛教首領一律給予優渥待遇，密切的往來促進了漢藏佛教藝術的交流。現存數量最多的明代宮廷作品主要為永樂（1403—1424）、宣德（1426—1435）年間的作品。永樂元年，明成祖即派人進藏迎請噶舉派黑帽系五世活佛哈立麻，永樂四年（1406）十二月哈立麻到南京，受到隆重的禮遇，厚予賞賜，封為大寶法王。據《明實錄》記載："永樂四年二月丁卯，尚師哈立麻遣人獻佛像等物。""永樂六年四月庚子，如來大寶法王哈立麻辭歸，賜白金、采幣、佛像等物，仍遣中官護送。"這是永樂時期宮廷與西藏宗教上層互贈佛像的早期記錄。永樂、宣德時期製作的佛像極為精美，傳世品常見20多厘米小像，黃銅鎏金，底板塗硃砂。仰覆蓮座，蓮瓣細長圓鼓。瓣尖細刻捲雲紋，上下兩道細聯珠綫，特徵鮮明，在蓮座前部陰刻“大明永樂（宣德）年施”款識。如釋迦牟尼佛坐像（圖212），神態莊嚴和悦，寫實的衣褶起伏自然，雕刻精細，鎏金亮麗，是漢藏佛像藝術的完美結合。這些佛像題材廣泛，顯密像具全，多為傳世珍品。如青海省博物館收藏的觀音立像，原為樂都瞿曇寺佛像，高145厘米，座沿刻“大明永樂年施”漢藏兩種文字款識，體積高大，工藝精美，堪稱國寶。

明代是藏傳佛教藝術發展的一個高峯，雕塑、繪畫的創作十分繁榮，永樂、宣德造像繼承了元代以來阿尼哥創立的梵像風格，與居庸關雲台所雕佛像形式基本一致。永樂十六年（1418）興建的西藏江孜白居寺，是15世紀西藏佛教藝術發展到成熟期的代表。白居寺佛像與永樂造像的形式、風格極相似，反映出當時中原與西藏佛像藝術的雙向交流。永樂時期開創的新藝術風格，對明、清兩代漢地佛像工藝影響很大，如觀音菩薩坐像（圖221）、無量壽佛坐像（圖222）、釋迦牟尼佛坐像（圖223）等正統（1436—1449）、景泰（1450—1456）、嘉靖（1522—1566）款作品的原型都來自永宣佛像。大量永宣佛像輸入西藏，也影響着藏地的佛像藝術，金剛薩埵坐像（圖198）就是西藏工匠仿永宣像創作的。

元、明、清三代的宮廷造像，以清宮造像存世數量最多，品種最豐富。清宮是從康熙（1662—1722）年間開始大量製作藏傳佛像的，如四臂觀音菩薩坐像（圖226），基本上保持着明代永宣佛像的風格，只在細節上有變化。蓮座下沿的銘文明確記載此像是康熙二十五年（1686）康熙帝為其祖母祝壽特造，是有紀年題記的珍貴佛像，對研究清初內地藏傳佛像有重要意義。其他如無量壽佛坐像（圖227、圖228）、大持金剛坐像（圖229）等康熙時期作品，也都保持並發展着明代造像的傳統技藝。

雍正時期，清宮檔案中已有製作佛像的記錄，到乾隆時期，宮廷佛像的製作達到高潮。當時興建了許多藏傳佛教殿堂，需要大量的佛像陳設，這種需求客觀上刺激了宮廷佛像的製作，乾隆本人亦親自參與設計督造，並在《活計檔》中留下了記錄：“四臂觀音哈達板了，照釋迦佛哈達一樣往像裏做，還要長些，欽此。”“乾隆三十八年……交出御筆畫得發紙樣一張，奉旨威積金剛發矮，長高三分，照交出發樣另改造。”從這些記載中可見乾隆帝本人對藏傳佛教及其造像工藝的了解。這一時期的宮廷造像受

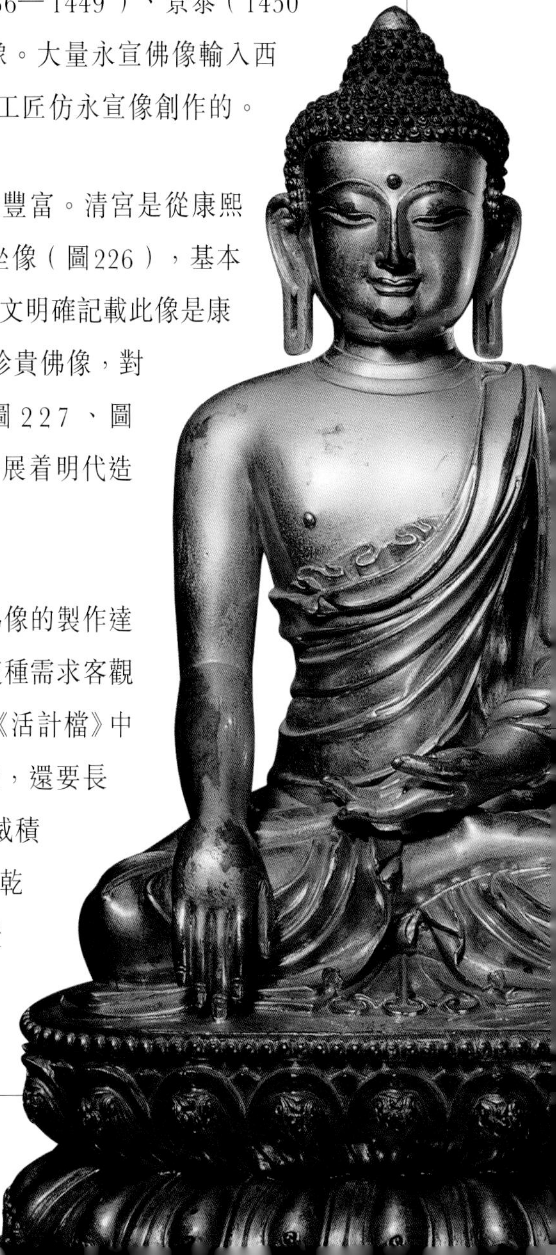

乾隆帝審美情趣影響，多以小型為主，採用失蠟法，由中正殿畫佛喇嘛及章嘉等大喇嘛畫紙樣，再撥蠟樣，後交造辦處鑄造，重要的佛像每道工序都要“恭呈御覽”，反復修改。當時的宮廷造像匠師不僅有漢族人，還有蒙古、西藏及尼泊爾人，多種藝術因素交融，創作出乾隆宮廷風格造像。六世班禪坐像（圖249）和三世章嘉坐像（圖250），分別是乾隆四十六年（1781）、五十一年（1786）為紀念六世班禪、三世章嘉特造，二像均採用銀間鎏金工藝，用材貴重，工藝精美，是乾隆宮廷造像的代表作。

大量密教佛像是乾隆宮廷造像的主要題材，這些造像多為紅銅鎏金，形式規整，蓮瓣圓鼓，仰覆蓮間多加束腰。底板平整，陰綫刻規整的交杵圖案，基本依照西藏18世紀造像形式。其中大威德金剛立像（圖242），是造型最複雜的一尊，工藝精湛，繁而不亂，是密教造像的佳作。

由於製作時間不同，工匠來源不一，乾隆宮廷造像風格複雜多樣。據《活計檔》記載，乾隆九年（1744）八月，六名尼泊爾匠師曾來北京為皇宮造佛像並向宮廷匠師傳授技藝。白度母坐像（圖231）就是尼泊爾與西藏工匠在宮內所做，其面容、神情、姿態、衣裙刻畫不但具有尼泊爾造像特徵，且與同期藏地作品的風格完全一致。

乾隆宮廷造像主要分為兩部分，一是由宮廷匠師設計製作的數量很大的成堂佛像或式樣相同的大量重複品，如為帝后祝壽的眾多無量壽佛，最典型的成堂佛像是寶相樓、梵華樓佛像，每堂786尊。二是仿製西藏、尼泊爾、印度佛像精品，如救度餓口釋迦牟尼佛坐像（圖232）就是摹仿克什米爾10世紀同名作品（圖22）製作。這件仿品工藝精湛，綫條規整，把原作綫條模糊之處刻畫得清晰利索，表面打磨光潔，是乾隆宮廷造像中的仿古珍品，但由於過於拘謹，以及難以彌補的時代、地域、文化的差異，使仿作表達不出原作的古典神韻。

紫金琍瑪像，是西藏佛像中最貴重神聖的品種，乾隆時宮廷造辦處成功製成了這種佛像。《活計檔》記錄其合金比例：“……擬造高九寸六分紅銅胎基鎏金背光座，紫金琍瑪銅無量壽佛九尊。約用紫金琍瑪銅四十六斤五兩五錢。內對化用：紅銅條三十六斤，自然銅六斤十一兩九錢，金三十六兩，銀二十一兩六錢，錫七兩二錢，鋼七兩二錢，鉛七兩二錢，水銀七兩二錢，五色玻璃面十一斤四兩，金剛鑽石二兩一錢六分。”宗喀巴坐像（圖248）就是珍貴的紫金琍瑪像，像背光後漢文題記：“乾隆四十六年（1781）歲在辛丑冬十月吉日　奉旨照西藏扎什倫布式成造紫金利益琍瑪宗喀巴　永興黃教普證圓成　吉祥如意”。此像仿自金質宗喀巴坐像（圖193），但比原作簡略，是清宮廷摹仿西藏當代作品的重要實例。後來乾隆帝又將紫金琍瑪佛像賞賜給西藏，“乾隆五十六年（1791）五月壬辰，諭：現在京城鑄成紫金琍瑪銅佛九尊，……西藏係佛地，將此佛送至西藏，供於昭內，必顯神靈，於眾生靈有益。”(10)

乾隆時期大量的西藏佛像精品進貢宮廷，宮廷製作的佛像亦回返西藏，促進了內地與西藏佛教藝術的交流。乾隆皇帝憑藉朝廷的雄厚財力，加上精通造像技藝的大喇嘛的指導，以及各族匠師的精工細作，使得清代宮廷造像藝術成就卓著，在中國佛教雕塑藝術發展史上寫下了精彩的一筆。

註釋：

(1) 《五世達賴喇嘛傳》阿旺洛桑嘉措著，陳慶英、馬連龍、馬林譯，中國藏學出版社，1997年版。

(2) 《五世達賴喇嘛傳》註釋39，白瑪噶波（1527—1592），主巴噶舉派中巴熱隆寺第四輩活佛，著有《主巴教法史》。

(3) 《品續中的青銅佛像裝飾》白瑪噶波著。《早期漢藏藝術》〔法〕海瑟·噶爾美著，熊文彬譯，中國藏學出版社，1994年版。《如乘教言所記辨別佛像、佛經、佛塔用塑形材料優劣詳解》晉美林巴著。《西藏宗教藝術》扎雅著，謝繼勝譯，西藏人民出版社，1987年版。

(4)《中國藏傳佛教金銅造像藝術》緒論，陳慶英著，人民美術出版社，2001年版。

(5)《西藏考古》杜齊著，向紅笳譯，西藏人民出版社，1997年版。

(6)《大唐西域記校註》烏仗那國註釋（一），玄奘、辯機原著，季羨林等校註，中華書局，1985年版。

(7)《大唐西域記校註》迦濕彌羅國註釋（一），玄奘、辯機原著，季羨林等校註，中華書局，1985年版。

(8)《藏傳佛教寺院考古》薩迦寺，宿白著，文物出版社，1996年版。

(9)《藏傳佛教寺院考古》居庸關過街塔考稿，宿白著，文物出版社，1996年版。

(10)《清代藏事輯要》張其勤原稿，吳豐培增輯，西藏人民出版社，1983年版。

西藏周邊地區類型造像

Style of Buddhist Statue in Areas Neighbouring to Tibet

1

釋迦牟尼佛坐像
6—7世紀
斯瓦特
黃銅　高12.3厘米
清宮舊藏

Seated statue of Sakyamuni
6th–7th Century
Swat
Brass
Height: 12.3cm
Qing Court collection

釋迦佛面部泥金，藍髮髻，身着圓領口通肩大袍，袍服厚重，一角披於左肩後，右手結與願印，左手握衣角，全跏趺坐。下承仰覆蓮座，深束腰，蓮瓣肥大。

此造像的造型可見晚期犍陀羅藝術遺風，為佛像貼金塗彩則是西藏流行的習俗。

黃條：“大利益密嚕什喀釋迦牟尼佛　五十三年九月二十五日收　達賴喇嘛進”。為滿、漢兩種文字，證明此造像是乾隆五十三年（1788）達賴喇嘛進貢的。

黃條是指清代駐京喇嘛高僧對貢進皇宮的藏傳佛像的鑑定記錄。因要在黃色紙條上寫明佛像品種、名稱、來源、時間而得名。

2

釋迦牟尼佛坐像

7世紀
斯瓦特
黃銅　高15.4厘米
清宮舊藏

Seated statue of Sakyamuni

7th Century
Swat
Brass
Height: 15.4cm
Qing Court collection

釋迦佛面相莊嚴祥和，雙眉上揚，刻陰綫，隆鼻大眼。身着袒右袈裟，衣紋流暢圓潤，手結說法印。下承仰覆蓮座，蓮瓣寬肥直伏地面，蓮座右邊有斷裂痕跡，估計原有一供養人小像。

黃條："大利益梵銅琍瑪墨魯式咯釋迦牟尼佛　六十年十二月二十五日收留保住……（殘）"。"六十年"即乾隆六十年（1795）。

3

四臂彌勒菩薩坐像
7—8世紀
斯瓦特
黃銅　高15.5厘米
清宮舊藏

Seated statue of Four-armed Maitreya
7th–8th Century
Swat
Brass
Height: 15.5cm
Qing Court collection

彌勒菩薩彎眉長目，隆鼻秀口，頭戴化佛寶冠，袒上身，肌膚豐滿圓潤，腰下束裙，薄衣貼體，刻陰綫表示衣紋。前二臂下垂，左手持淨瓶，右手握梵篋；後二臂抬起，手中持物已佚，全跏趺坐。下承仰覆蓮座，蓮瓣貼伏地面，正面蓮瓣上刻藏文題記。蓮座不加托底，是6世紀以來斯瓦特佛像的流行座式。

此造像是斯瓦特工匠為藏人所造，可能是吐蕃時期佛像的遺珍。

彌勒原屬於婆羅門種姓，後出家成為佛弟子，為八大菩薩之上首。因他是釋迦牟尼的繼承者，亦被稱為未來佛，其形象因此而有菩薩裝與佛裝的不同表現。

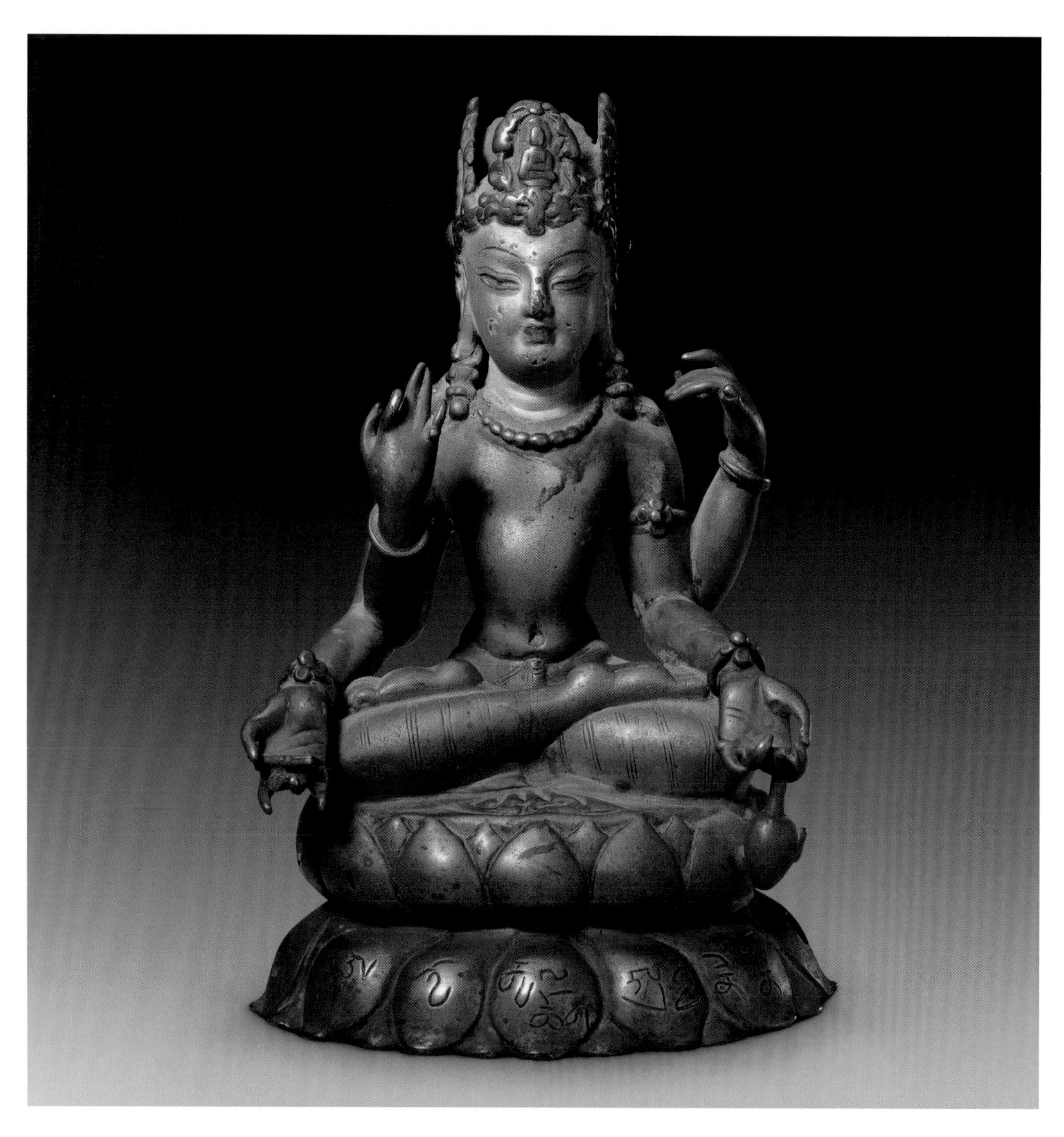

4

釋迦牟尼佛坐像
7—8世紀
斯瓦特
黃銅　高14.3厘米
清宮舊藏

Seated statue of Sakyamuni
7th–8th Century
Swat
Brass
Height: 14.3cm
Qing Court collection

釋迦佛髮髻光滑，五官雖然經歲月磨蝕，仍可見法相莊嚴。身着通肩式大袍，薄衣貼體，淺刻陰綫衣紋，顯現出魁梧的身軀。右手結與願印，左手握衣角。下承仰覆蓮座，深束腰，形式別致。此造像風格古樸典雅，保持了印度笈多王朝造像的藝術遺風。

5

釋迦牟尼佛坐像

7—8世紀
斯瓦特
黃銅　高11.2厘米
清宮舊藏

Seated statue of Sakyamuni
7th–8th Century
Swat
Brass
Height: 11.2cm
Qing Court collection

釋迦佛雙目下視，沉思冥想，神態安詳。身着通肩式大袍，圓領口處高起，刻出褶邊。右手結與願印，左手微微抬起握住衣角，全跏趺坐，姿態平穩和諧。下承深束腰仰覆蓮座，蓮瓣寬肥，貼地面處刻一窄邊。

此造像服飾有犍陀羅藝術的厚重感。

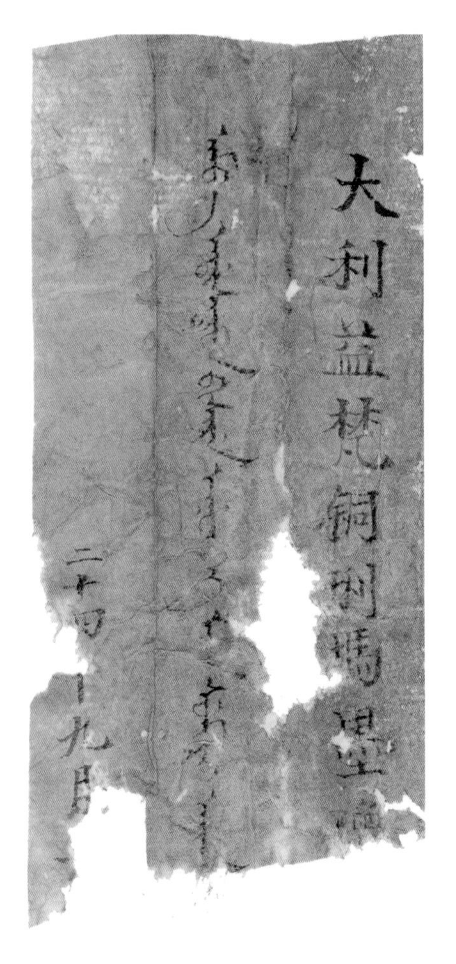

6

彌勒菩薩坐像
7—8世紀
斯瓦特
黃銅　高12.7厘米
清宮舊藏

Seated statue of Maitreya
7th–8th Century
Swat
Brass
Height: 12.7cm
Qing Court collection

彌勒菩薩雙目平視，大眼小口。頭戴三葉花冠，螺髮垂肩，袒上身，胸前飾項鏈，左肩斜掛一道聖綫，兩肩披帛帶，繞兩小臂垂下。右手施無畏印，左手中指與無名指間夾一小淨瓶，全跏趺坐。下承仰覆蓮座，深束腰。

黃條：“大利益梵銅琍瑪彌勒菩薩　乾隆六十一年(1796)十一月初一日收濟嚨呼圖克圖進”。

呼圖克圖又譯作胡土克圖，為清政府授予西藏、蒙古喇嘛教上層大活佛的稱呼，意為“聖者”。其轉世亦需金瓶掣籤，申報朝廷受封。

7

自在觀音菩薩坐像
8—9世紀
斯瓦特
黃銅　高17.5厘米
清宮舊藏

Seated statue of Avalokitesvara
8th–9th Century
Swat
Brass
Height: 17.5cm
Qing Court collection

觀音菩薩頭戴化佛寶冠，頭髮編成多股小辮整齊垂在頭後。上身袒露，頸飾項鏈。右臂彎曲支膝上，食指伸出，作思惟相，左手托一長枝蓮花，表現出禪思靜慮、憫念眾生的神態。左舒坐，腳踏蓮花，姿態閒適自然。下承橢圓形高座，中間鏤空雕一圈髮辮式裝飾，造型獨特。

黃條：“大利益梵銅琍瑪自在觀世音菩薩　乾隆六十年（1795）十二月二十五收　留保住進”。

8

釋迦牟尼佛坐像
8—9世紀
斯瓦特
黃銅　高15.6厘米
清宮舊藏

Seated statue of Sakyamuni
8th–9th Century
Swat
Brass
Height: 15.6cm
Qing Court collection

釋迦佛面相豐滿，吊眉、大眼、小口，生動有神。身着通肩式大袍，袍服表面光滑，陰刻雙綫衣紋。右手結與願印，左手握衣角，全跏趺坐。下承雙獅座，台布邊垂飾流蘇，左右雕側身小獅，憨態可掬，方座下為仰覆蓮座。

9

釋迦牟尼佛坐像
8—9世紀
斯瓦特
黃銅　高19.5厘米
清宮舊藏

Seated statue of Sakyamuni
8th–9th Century
Swat
Brass　Height: 19.5cm
Qing Court collection

釋迦佛面相清秀，雙目炯炯有神，眉間嵌碩大的銀質白毫。身着通肩式大袍，衣服緊貼身體，凹溝式衣紋流暢寫實。下承鏤空多層長方高台，台面雕厚座墊，兩角雕雙獅，下托覆蓮座。右下角雕跪坐供養人，雙手合十，神態虔敬。獅子的眼睛和供養人的眼睛均嵌銀，座底沿刻梵文銘文。此造像與克什米爾佛像風格頗似，可見兩地造像藝術的交流。

10

思惟觀音菩薩坐像
8—9世紀
斯瓦特
黃銅　高14.3厘米
清宮舊藏

Seated statue of Avalokitesvara in Meditation
8th–9th Century
Swat
Brass
Height: 14.3cm
Qing Court collection

觀音菩薩面相秀美，頭戴化佛寶冠，高髮髻在頭頂束成扇形，長髮辮梳成三綹披於頭後，袒上身，肩披帛帶，腰下束裙。右臂自然彎曲支在右腿上，呈思惟狀，左手持蓮枝。左舒坐，姿態舒展自如。下承雙獅方座，前垂台布，邊鑲聯珠，方座下托仰蓮座和寬厚的長方底，方底前刻梵文題記。

11

釋迦牟尼佛坐像
8—9世紀
斯瓦特
黃銅　高15.7厘米
清宮舊藏

Seated statue of Sakyamuni
8th–9th Century
Swat
Brass
Height: 15.7cm
Qing Court collection

釋迦佛面部泥金，藍髮髻，身着通肩式大袍，袍服厚重。右手結與願印，左手握衣角，全跏趺坐，姿態平穩端莊，是這一時期釋迦佛坐像的通行造型。下承雙獅方座，座角雕雙獅，垂梯形台布，方座下托覆蓮座。

黃條：“大利益梵銅琍瑪墨魯式咯……（殘）乾隆六十三年（1798）十月二十八日收　達賴喇嘛”。

12

釋迦牟尼佛説法像
8—9世紀
斯瓦特
黄銅　高11.3厘米
清宮舊藏

Statue of Sakyamuni
8th–9th Century
Swat
Brass
Height: 11.3cm
Qing Court collection

釋迦佛面相溫和，略帶笑意。螺髮高髻，身着通肩式大袍，袍服厚重。手結與願印，全跏趺坐。下承雙獅方座，台布垂飾流蘇，仰覆蓮座前雕法輪和雙鹿，表示佛在鹿野苑説法。

13

釋迦牟尼佛坐像
8—9世紀
斯瓦特
黃銅　高11.5厘米
清宮舊藏

Seated statue of Sakyamuni
8th–9th Century
Swat
Brass
Height: 11.5cm
Qing Court collection

釋迦佛面相慈善，頭戴寶冠，頸佩項鏈，身着通肩式大袍，袍服厚重。右手結與願印，左手握衣角，全跏趺坐。下承雙獅方座，台布垂飾流蘇，下托覆蓮座。

此造像反映出斯瓦特造像後期風格的變化趨勢，按照佛亦為轉輪王的世俗觀念，追求佛的裝飾華麗，逐漸失去早期造像的古樸典雅之風。

14

釋迦牟尼佛坐像
9世紀
斯瓦特
黃銅　高15.5厘米
清宮舊藏

Seated statue of Sakyamuni
9th Century
Swat
Brass
Height: 15.5cm
Qing Court collection

釋迦佛面相長圓豐滿，眉間白毫突顯，高髻上飾扇形髮結。身着袒右袈裟，衣紋用整齊排列的“U”字形刻綫表示。手結與願印，全跏趺坐。下承雙獅方座，台布垂飾流蘇，下托仰覆蓮座。

此造像屬於晚期斯瓦特造像，注重裝飾性，表現出程式化傾向，形象已略顯僵硬，但鑄造工藝仍十分精湛。

15

毗盧佛坐像
9—10世紀
斯瓦特
紅銅　高21.8厘米
清宮舊藏

Seated statue of Vairocana
9th–10th Century
Swat
Copper
Height: 21.8cm
Qing Court collection

毗盧佛面部泥金，藍髮髻，頭戴化佛寶冠，髮辮覆肩。袒上身，佩飾項鏈、臂釧、手鐲，臂掛帛帶，腰下束裙。雙手結智拳印，全跏趺坐。下承五獅座，正面四隻，後面一隻，皆方頭大眼、捲鬃粗腿，憨態可掬。下托覆蓮座。

毗盧佛即大日如來，為佛教密宗主尊，按照密教理論"五佛五智"說，佛為教化眾生，化為東、南、西、北、中五方佛，代表五種智慧，中央毗盧佛代表"法界體性智"。

16

釋迦牟尼佛坐像
7世紀
克什米爾
黃銅　高13厘米
清宮舊藏

Seated statue of Sakyamuni
7th Century
Kashmir
Brass
Height: 13cm
Qing Court collection

釋迦佛面相長圓豐腴，神態寧靜莊嚴。寬肩細腰，身形健壯，着袒右肩袈裟，薄衣貼體，右手施無畏印，左手握衣角，全跏趺坐。下承鏤空雙獅方座，有厚厚的方坐墊，座上沿飾大聯珠紋，座下沿刻梵文題記。後飾連鑄素面桃形頭光。

此造像身軀綫條清晰畢現，通體光滑無衣紋，保持了笈多藝術“釋迦牟尼出水像”的特點。

17

燃燈佛坐像

7—8世紀
克什米爾
黃銅　高26厘米
清宮舊藏

Seated statue of Dipankara

7th–8th Century
Kashmir
Brass
Height: 26cm
Qing Court collection

燃燈佛面相長圓，彎眉大眼，眼內嵌銀，大耳垂肩，神情祥和。身着袒右袈裟，左肩刻多層摺疊衣緣，薄衣貼體，波紋狀衣褶自然流暢。雙手結説法印，全跏趺坐。下承方形台座，仿印度建築形式，台面上鋪厚方墊，正前方雕一力士托舉台面，左右兩獅護衛，四角刻花圓柱。方台側後雕一男一女兩位跪坐供養人。

此造像具有印度笈多時代佛像的風範，工藝精細，黃銅質地光亮滑潤。

黃條：“大利益梵銅琍瑪燃燈古佛”。

燃燈佛，因其出生時身邊一切光明如燈而得名。

18

毗盧佛坐像
8—9世紀
克什米爾
黃銅　高19厘米
清宮舊藏

Seated statue of Vairocana
8th–9th Century
Kashmir
Brass
Height: 19cm
Qing Court collection

毗盧佛面相豐圓，雙目圓睜，平視前方，微笑中略帶驚奇神態，頭戴寶冠，束髮繒帶寬大突出，為克什米爾造像所獨有。袒上身，體態豐滿，臂膀粗壯，雙手結智拳印，全跏趺坐於光素厚方墊上。下承須彌座，座兩側跪兩位佛弟子，身着袈裟，手持供物。正中岩石縫中一獅子搖頭側視。

此造像清宮配有佛龕，龕後背板刻漢、滿、蒙、藏四種銘文：“乾隆十七年（1752）六月初九日　欽命章嘉胡土克圖認看供奉大利益梵銅琍瑪毗盧佛”。

黃條：“十五年（1750）六月十七日張家胡土克圖進”。

19

多羅菩薩坐像
8—9世紀
克什米爾
黃銅　高18.2厘米
清宮舊藏

Seated statue of Tara
8th–9th Century
Kashmir
Brass
Height: 18.2cm
Qing Court collection

多羅菩薩大眼寬鼻厚脣，頭戴寶冠，束印度式髮髻。袒上身，雙乳豐圓，飾大瓔珞。右手放膝上，手中握一圓果實，左手持蓮枝。右舒坐於獨枝仰覆蓮座上，姿態閒適。"U"字形花枝下有須彌座式束腰方台。身後飾聯珠火燄紋背光。

多羅菩薩是印度佛教女神，在藏傳佛教中名為綠度母。

20

同侍從孔雀佛母坐像

8—9世紀
克什米爾
黃銅　高14厘米
清宮舊藏

Seated statue of Mahamayuri with attendants

8th–9th Century
Kashmir
Brass
Height: 14cm
Qing Court collection

孔雀佛母頭戴寶冠，束印度式髮髻，袒上身，豐乳細腰。右手握圓果實，左手持巨蛇，蛇身彎曲成波浪形。右舒坐。鏤空的頭光中間為七條蛇，排列緊密呈三角形，蛇頭彎曲前伸。佛母右側侍從是一交腳坐苦修相菩薩；左側侍從是右舒坐菩薩，頭光中刻一蛇。下承長方座，座正面浮雕一大水罐，右角雕跪坐女供養人。

黃條："大利益梵銅同侍從孔雀佛母一尊　五十四年（1789）九月二十日收熱河請來"。

藏傳佛教密宗將雙身佛中的女性稱為"佛母"，代表智慧。

21

釋迦牟尼佛坐像
9世紀
克什米爾
黃銅　高16.5厘米
清宮舊藏

Seated statue of Sakyamuni
9th Century
Kashmir
Brass
Height: 16.5cm
Qing Court collection

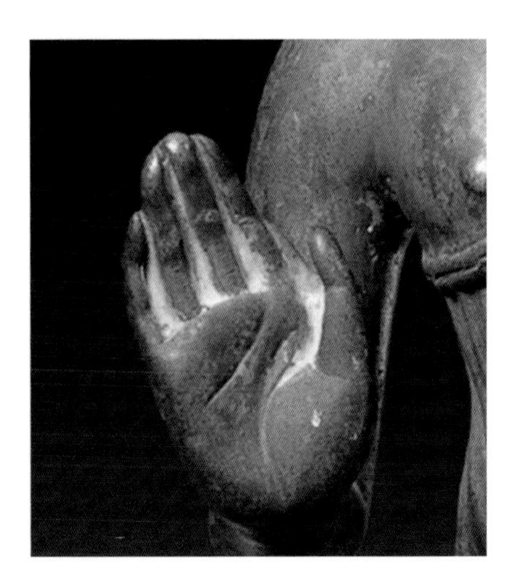

釋迦佛雙目俯視，神情莊嚴，身着袒右袈裟，寬胸闊背。右手施無畏印，左手上翻握衣角，全跏趺坐。下承覆蓮座，座下為須彌座式束腰方台，是克什米爾像座的流行式樣。此造像造型與斯瓦特釋迦像右手結與願印，左手下翻、平舉握衣角的姿態不同，更顯堅實有力。

22

救度餤口釋迦牟尼佛坐像

10世紀
克什米爾
黃銅　高26.5厘米
清宮舊藏

Seated statue of Sakyamuni

10th Century
Kashmir
Brass
Height: 26.5cm
Qing Court collection

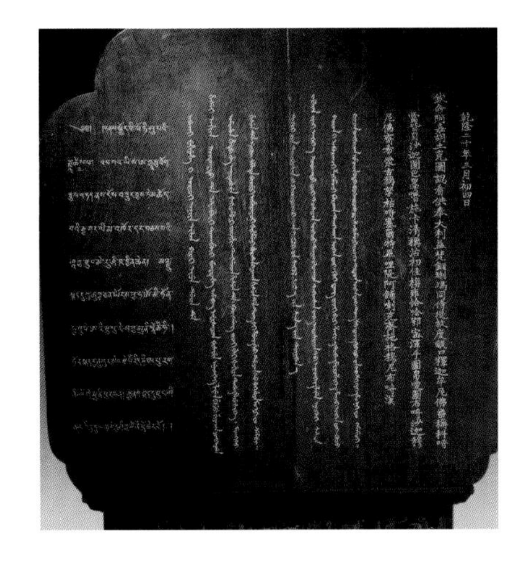

在七枝蓮梗上分立四層蓮座，正中最高層的釋迦佛頭戴寶冠，長繒帶垂於耳後。肩披瓔珞，右手施無畏印，左手握衣角，全跏趺坐，為寶冠佛形象。下一層左右分坐二佛，皆結與願印，全跏趺坐。再下一層左右分坐二菩薩，右邊為彌勒，右手施無畏印，左手持淨瓶；左邊為觀音，右手施無畏印，左手持蓮枝。第四層左右各雕一塔。蓮花主莖間雕二禪定佛。最底層是半身在水中的兩位龍王，下承須彌座式束腰方台。

此造像清宮配有佛龕，龕後有滿、漢、蒙、藏四種銘文："乾隆二十年(1755)三月初四日　欽命阿嘉胡土克圖認看供奉大利益梵銅琍瑪同侍從救度餤口釋迦牟尼佛"。

"救度餤口"是施與餓鬼食的一項佛教儀軌，是修習密教的人每日都作的行儀。尤其在重大法會圓滿之日，或喪事期中多舉行餤口施食。此造像即舉行儀軌時供奉的釋迦佛像。

23

觀音菩薩坐像
10世紀
克什米爾
黃銅　高15厘米
清宮舊藏

Seated statue of Avalokitesvara
10th Century
Kashmir
Brass
Height: 15cm
Qing Court collection

觀音菩薩頭戴寶冠，三角形冠葉邊緣飾聯珠紋。袒上身，肩披帛帶，胸前掛項圈，右手結與願印，左手撐腿，臂前立一直莖三葉蓮花，式樣別致。半跏趺坐，下承仰覆蓮座，蓮瓣寬扁，深束腰，方底。身後飾鏤空桃形頭光，內邊刻大聯珠，外邊陰刻火燄紋。

24

能勝三界金剛立像
10世紀
克什米爾
黃銅　高22厘米
清宮舊藏

Standing statue of Trailokyavijiya
10th Century
Kashmir
Brass
Height: 22cm
Qing Court collection

金剛三頭六臂，面相微怒。頭戴三角形寶冠，頂立化佛。袒上身，飾瓔珞、臂釧，兩主臂在胸前交叉，手持法器，右杵左鈴，其餘各手舉長劍、法輪、蓮花。腰下束裙，展右立，氣勢威武。下承覆蓮座，座下有束腰方台。身後飾聯珠火燄紋頭光，頭光與身光套聯，工藝精細。

黃條：“大利益梵銅琍瑪能勝三界金剛　四十七年（1782）十二月二十日收達賴喇嘛進”。

藏傳佛教密宗將雙身佛中男性稱為“金剛”或“明王”，代表牢固銳利，是守護佛法的天神。

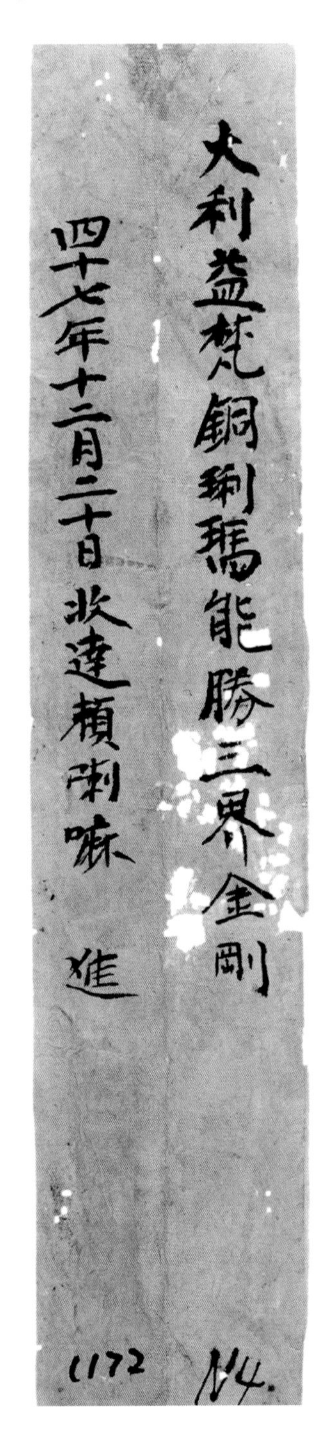
大利益梵銅琍瑪能勝三界金剛
四十七年十二月二十日收達賴喇嘛進
1172　114.

25

思惟觀音菩薩坐像

10—11世紀
克什米爾
黃銅　高15厘米
清宮舊藏

Seated statue of Avalokitesvara
10th–11th Century
Kashmir
Brass
Height: 15cm
Qing Court collection

觀音菩薩束高髮髻，髮髻正中有化佛。袒上身，左肩披羊皮，腰下束裙，輕薄貼體，陰刻雙綫衣紋，梅花點裝飾。右手上支，左手持蓮，左舒坐，表現出寧靜安詳的思惟神態。下承仰覆蓮座，身後飾鏤空火燄紋背光，套連的葫蘆形頭光與身光，是當時克什米爾造像的通行式樣。

黃條：“大利益梵銅琍瑪觀世音菩薩　乾隆五十一年（1786）十二月初十日收　劉保住進”。

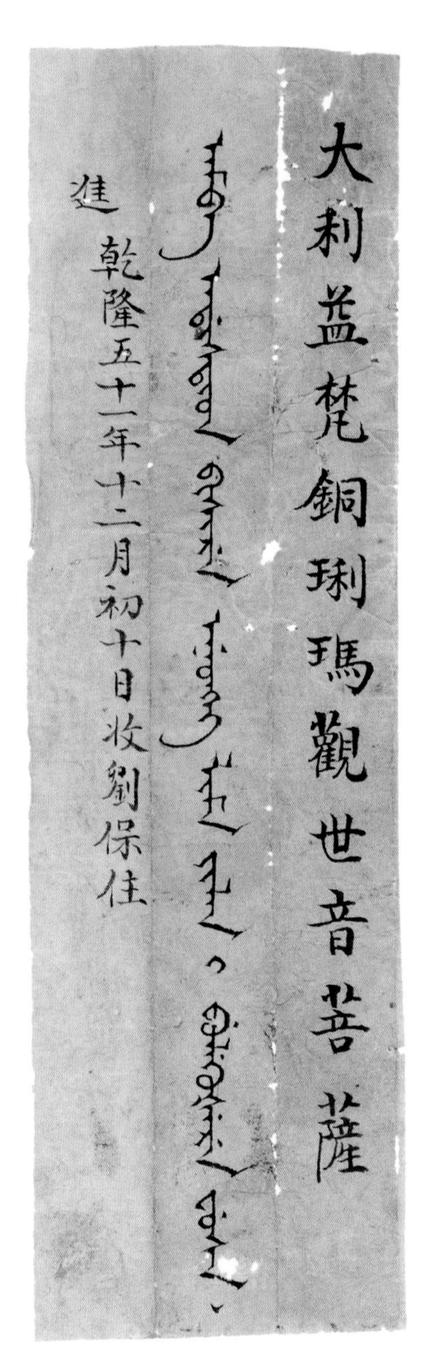
大利益梵銅琍瑪觀世音菩薩
乾隆五十一年十二月初十日收劉保住
進

26

釋迦牟尼佛立像
10—11世紀
克什米爾
黃銅　高21.3厘米
清宮舊藏

Standing statue of Sakyamuni
10th–11th Century
Kashmir
Brass
Height: 21.3cm
Qing Court collection

釋迦佛面相清秀，彎眉大眼，眉間嵌銀質白毫，神情莊嚴肅穆。身着圓領通肩大袍，薄衣貼體，僅衣緣處有衣褶，通體光滑如裸，曲綫畢露，顯出壯碩有力的身形，仍具有印度笈多時期鹿野苑造像的風格特徵。右手施無畏印，左手握衣角，立於覆蓮座上，座下有束腰方台。身後飾鏤空聯珠火燄紋背光。座右邊雕一跪坐供養人，雙手合十，虔敬地仰望佛陀。

27

觀音菩薩立像
10—11世紀
克什米爾
黃銅　高19厘米
清宮舊藏

Standing statue of Avalokitesvara
10th–11th Century
Kashmir
Brass
Height: 19cm
Qing Court collection

觀音菩薩面相豐圓，修眉長目，似眼大無神，是克什米爾造像的眼形特徵之一。高髮髻，上有化佛，髮辮垂肩，袒上身，左肩披羊皮，帛帶繞臂垂於身體兩側。右手施無畏印，左手持蓮枝。身體略扭，腰下束裙，姿態和諧自然。下承覆蓮座，座下有束腰方台，身後飾鏤空聯珠火燄紋背光。

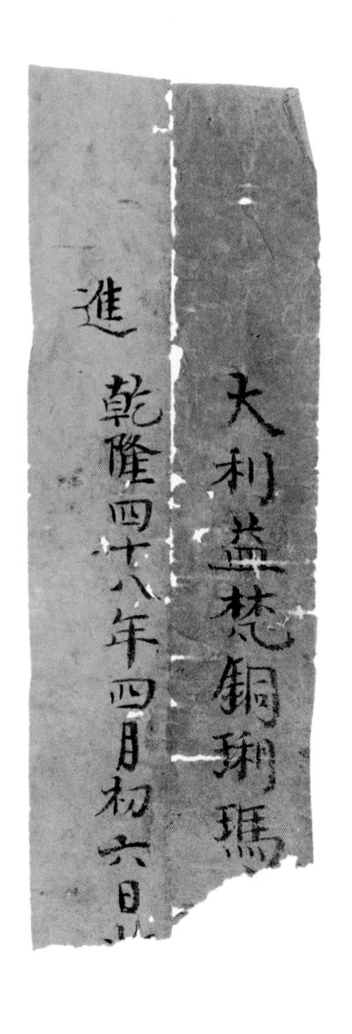

大利益梵銅琍瑪

乾隆四十八年四月初六日

進

28

同侍從觀音菩薩立像
10—11世紀
克什米爾
黃銅　高15厘米
清宮舊藏

Standing statue of Avalokitesvara with attendants
10th–11th Century
Kashmir
Brass
Height: 15cm
Qing Court collection

觀音菩薩頭頂化佛，高髮髻呈扇形，髮辮垂於兩肩。身形魁偉，袒胸斜披羊皮，垂掛大瓔珞。右手施無畏印，左手持蓮枝，花枝細長如杖，拄到地面。桃形頭光連鑄在頭後。左右兩位侍從度母，皆頭戴三葉寶冠，懷抱長枝蓮花，雙手結合掌印侍立。下承覆蓮座，座下有束腰方台。

29

不空成就佛立像

10—11世紀
克什米爾
紅銅　高29.2厘米
清宮舊藏

Standing statue of Amoghasiddhi

10th–11th Century
Kashmir
Copper
Height: 29.2cm
Qing Court collection

成就佛面相莊嚴，螺髮，眉間白毫凸起。戴三葉珠寶冠，繒帶垂肩，前胸飾披肩式瓔珞，身着通肩大袍，薄衣貼體，曲綫畢露，腹部淺刻"U"字形衣紋，保持着笈多造像傳統。右手施無畏印，左手握衣角。腳踏覆蓮座，座下有束腰方台，束腰處刻藏文銘文，意為"龍王尊者"。身後飾鏤空聯珠火燄紋背光。

不空成就佛，為五方佛之一，居北方，代表五佛五智中的"成所作智"，由此智慧可成就自利利他事業。

30

不空成就佛坐像
11世紀
克什米爾
黃銅　高15.6厘米
清宮舊藏

Seated statue of Amoghasiddhi
11th Century
Kashmir
Brass
Height: 15.6cm
Qing Court collection

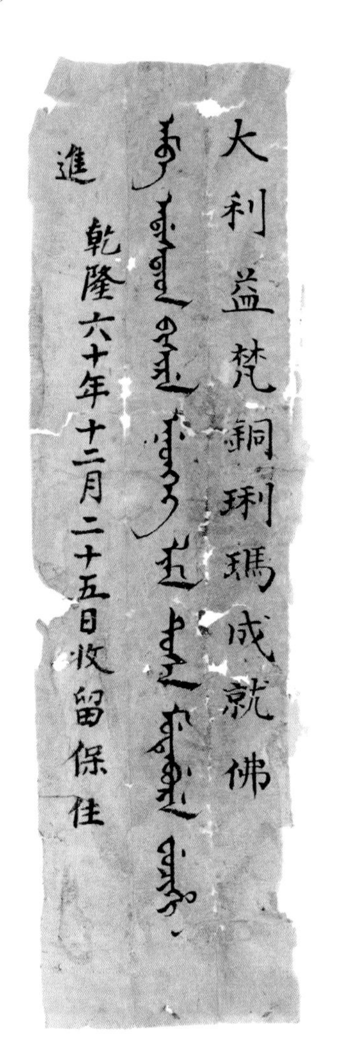
大利益梵銅琍瑪成就佛
乾隆六十年十二月二十五日收留保住
進

成就佛頭戴三葉寶冠，束髮，繒帶垂肩。袒上身，飾金項鏈、金臂釧，帛帶翻捲繞身。右手施無畏印，左手結禪定印，全跏趺坐。下承仰覆蓮座，座下托鏤空長方台，台底正前方雕金翅鳥。聯珠火燄紋背光為單獨鑄造，後與佛身、底座鉚接。

此造像與常見的克什米爾佛像風格稍有差異，可能為藏地仿品。

黃條："大利益梵銅琍瑪成就佛　乾隆六十年(1795)十二月二十五日收留保住進"。

31

釋迦牟尼佛坐像
6—7世紀
北印度
黃銅　高28.5厘米
清宮舊藏

Seated statue of Sakyamuni
6th–7th Century
North India
Brass
Height: 28.5cm
Qing Court collection

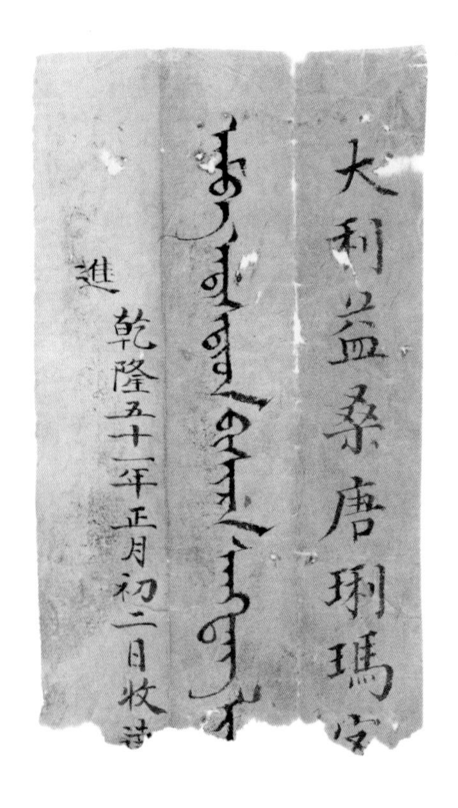

大利益桑唐琍瑪

進
乾隆五十一年正月初二日收

釋迦佛面相靜穆慈祥，兩眉相連如弓，眉間白毫凸起，目中嵌銀，高鼻厚唇。身着袒右袈裟，薄衣貼體，陰刻雙綫衣紋，衣緣嵌紅銅綫表現衣褶。手結說法印，全跏趺坐。下承須彌座，厚坐墊，座下有四足。聯珠火燄紋背光內鏤雕繁茂的菩提樹葉。

此造像工藝精細，表現出佛陀寂靜自在的內心世界，是北印度笈多王朝造像。

黃條：“大利益桑唐琍瑪密……（殘）乾隆五十一年（1786）正月初二日收達……（殘）進”。

32

阿彌陀佛立像
8世紀
北印度
黃銅　高19厘米
清宮舊藏

Standing statue of Amitabha
8th Century
North India
Brass
Height: 19cm
Qing Court collection

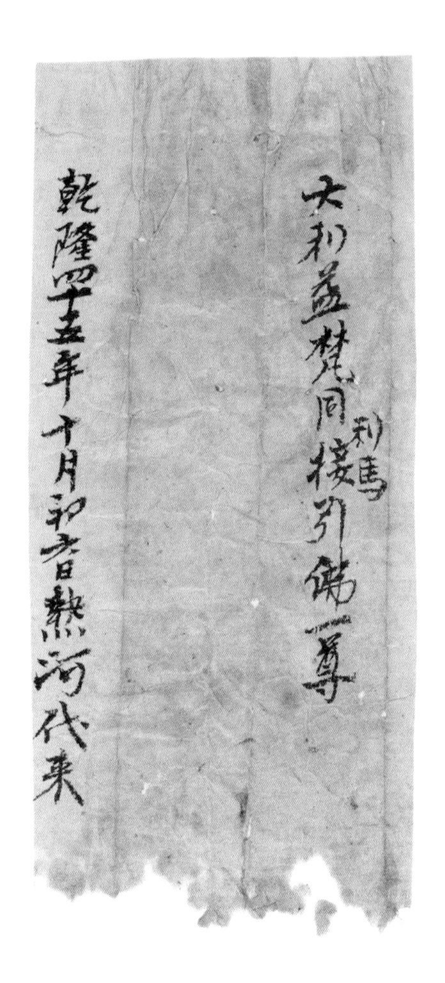
大利益梵同利馬接引佛一尊
乾隆四十五年十月初六日熱河代来

阿彌陀佛修眉長目，眉間刻白毫，髮辮垂肩。袒上身，無瓔珞等裝飾，近似佛裝，腰下裹裙，薄裙貼體，曲綫畢露，陰刻雙綫衣紋，腰身微微斜扭，則是菩薩形象，具有笈多造像的特色。

黃條："大利益梵同利馬（銅琍瑪）接引佛一尊　乾隆四十五年（1780）十月初六日　熱河代（帶）來"。

阿彌陀佛即接引佛，亦稱無量壽佛、無量光佛，為五方佛之一，居西方，代表五佛五智中的"妙觀察智"，亦稱"蓮花智"，是西方極樂世界的教主。佛經說，凡信奉持誦佛名號之人，命終之時，佛將接引其往生西方極樂世界。

33

觀音菩薩坐像

8世紀
東北印度
黃銅　高10.8厘米
清宮舊藏

Seated statue of Avalokitesvara

8th Century
Northeast India
Brass
Height: 10.8cm
Qing Court collection

觀音菩薩戴三葉寶冠，高髮髻前有化佛，辮髮垂肩。斜披帛帶，通體不刻衣紋，前胸垂掛聖綫，腰間刻花環，右手結與願印，左肩頂蓮花，左手扶座。右舒坐，腳踏蓮花，姿態閒適舒展，下承仰覆蓮座。

此造像造型古樸自然，是印度帕拉王朝早期作品，為蒙古郡王進貢。

黃條："大利益梵銅琍瑪觀世音菩薩　三十五年(1770)八月初三日收　奈曼郡王拉旺拉卜擔進"。

34

觀音菩薩坐像
8—9世紀
東北印度
黃銅　高15.7厘米
清宮舊藏

Seated statue of Avalokitesvara
8th–9th Century
Northeast India
Brass
Height: 15.7cm
Qing Court collection

觀音髮髻高聳，戴三葉寶冠，頂立化佛。斜披帛帶，頸飾項鏈，左肩垂掛聖綫。右手結與願印，左手扶座，持蓮枝。右舒坐，腳踏蓮花。蓮座上刻梵文，瓣尖凸起小圓棱。聯珠火餤紋背光與蓮座鑄為一體，為印度帕拉王朝佛像的早期形式。背光後面刻梵文題記，內容為法身偈。

法身偈也稱緣起偈、法身舍利偈，指記述佛教基本教義緣起説的偈頌，據《南海寄歸內法傳》記載，在建塔、造佛像時，在塔基、佛像內安置此偈。

35

觀音菩薩立像

8世紀
東北印度
黃銅　高20.5厘米
清宮舊藏

Standing statue of Sakyamuni

8th Century
Northeast India
Brass
Height: 20.5cm
Qing Court collection

觀音菩薩神態莊嚴，戴三葉寶冠，髮辮垂肩，身形壯健，袒上身，飾項鏈、臂釧，垂掛聖綫。右手結與願印，左手持蓮枝，蓮花半開成喇叭狀。腰下束裙，斜紮一粗帛帶，在腿邊打成結。下承覆蓮座，座下有束腰方台，台一側跪女供養人。火燄寶珠紋背光後面刻梵文題記，內容為法身偈。

黃條："大利益梵銅琍瑪觀世音菩薩　乾隆五十八年（1793）八月二十六日收　熱河帶來"。

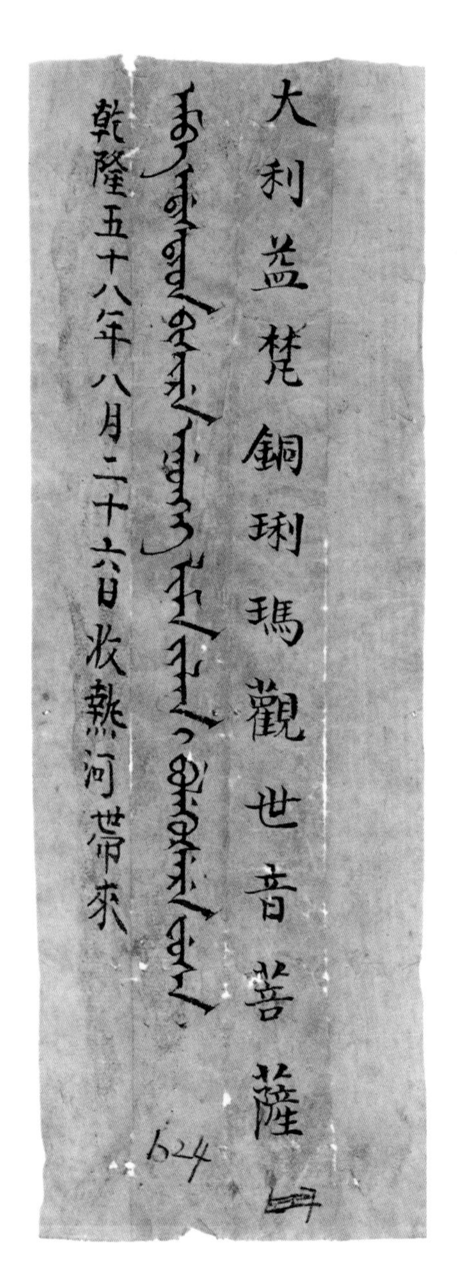
大利益梵銅琍瑪觀世音菩薩
乾隆五十八年八月二十六日收熱河帶來
624

36

釋迦牟尼佛坐像
8—9世紀
北印度
黃銅　高14.5厘米
清宮舊藏

Seated statue of Sakyamuni
8th–9th Century
North India
Brass
Height: 14.5cm
Qing Court collection

釋迦佛面相豐滿，螺髮高髻，身形勻稱，肌膚圓潤。着袒右袈裟，薄衣貼體，只在胸、臂、腿部刻畫簡單的衣紋，雙手結禪定印，全跏趺坐。下承須彌台座，上覆坐墊，下有四足。身後飾聯珠火燄紋背光，頂部雕傘蓋。

37

文殊菩薩坐像
8—9世紀
北印度
黃銅　高19.5厘米
清宮舊藏

Seated statue of Manjusri
8th–9th Century
North India
Brass
Height: 19.5cm
Qing Court collection

文殊菩薩面相莊嚴，雙目前視。頭戴三葉寶冠，髮辮覆肩，垂大耳環。袒上身，臂釧、腰帶裝飾珠寶，腰下束裙，裙上陰刻雙綫紋，並敲刻梅花點。右手持劍，左手持襌帶，左舒坐。下承仰覆蓮座，蓮瓣寬扁不對稱，葉面刻有三道川字形葉筋，座下有四足方台。身後飾聯珠火燄紋背光，頂部雕摩尼珠。

黃條："乾隆四十六年(1781)十二月二十五日收　恆瑞大利益梵銅琍瑪文殊菩薩"。

38

釋迦牟尼佛坐像

8—9世紀
東北印度
黃銅　高16.5厘米
清宮舊藏

Seated statue of Sakyamuni
8th–9th Century
Northeast India
Brass
Height: 16.5cm
Qing Court collection

釋迦佛螺髮高髻，體魄雄健，着袒右袈裟，通體光滑無衣褶。右手結觸地印，左手結禪定印，全跏趺坐。為釋迦成道相，具有鹿野苑佛像特徵。仰覆蓮座下承雙獅四足方台。座後為寶座式背光，雕出軟靠墊，靠背左右兩邊雕刻立起的獅子，獅子踏象，象臥蓮花上。這種寶座式背光，在印度後笈多時期的佛像中已出現。飾火燄紋頭光，頂部傘蓋上懸掛飄帶。

黃條：“大利益梵銅琍瑪釋迦牟尼佛乾隆五十年（1785）九月二十二日收熱河帶來”。

大利益梵銅琍瑪釋迦牟尼佛
乾隆五十年九月二十二日收熱河帶來

39

觀音菩薩坐像
8—9世紀
東北印度
黃銅　高21厘米
清宮舊藏

Seated statue of Avalokitesvara
8th–9th Century
Northeast India
Brass
Height: 21cm
Qing Court collection

觀音菩薩面相豐滿，神態安詳。頭戴寶冠，髮辮覆肩，袒上身，腰下束裙。右手結與願印，左手持蓮枝，右舒坐，姿態閒適。下承仰蓮座，座下有雙獅四足方台。背靠裝飾豪華的寶座，雕出軟靠墊，靠背兩側雕立獅、大象、蓮花。聯珠火燄紋頭光，頂張傘蓋，蓋兩側有飄帶。華麗的裝飾烘托出觀音的尊貴，形同人間帝王。

40

觀音菩薩坐像

9世紀
東北印度
黃銅　高16.5厘米
清宮舊藏

Seated statue of Avalokitesvara

9th Century
Northeast India
Brass
Height: 16.5cm
Qing Court collection

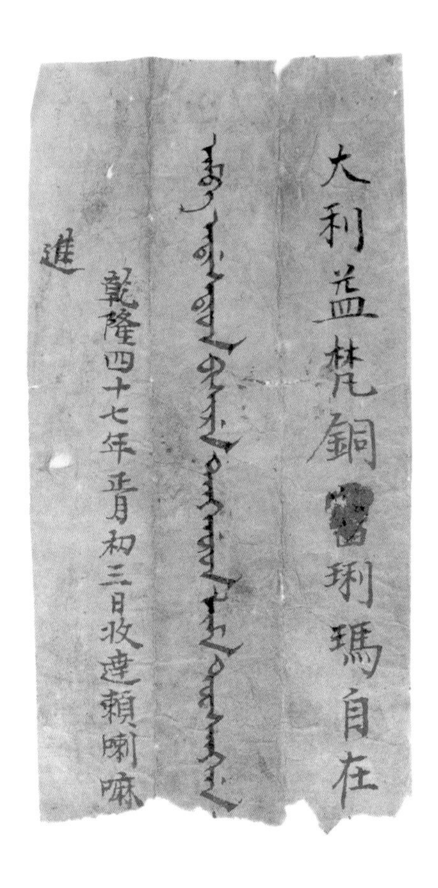
大利益梵銅舊琍瑪自在

乾隆四十七年正月初三日收達賴喇嘛

進

觀音菩薩長眉大眼，面帶微笑，戴三葉寶冠，袒上身，腰下束裙。右手結印，左手持蓮花，斜綮寬大的修行禪帶，右舒坐，姿態輕鬆典雅。下承仰覆蓮座，座下有四足方台。身後飾雲朵紋背光，內匝雕一圈金剛杵，頂部飾圓傘蓋、雙飄帶。背光後鐫陽文圓形梵文印章，字跡模糊，不能辨識。

黃條："大利益梵銅舊琍瑪自在……（殘）　乾隆四十七年（1782）正月初三日收　達賴喇嘛進"。

41

綠度母坐像
9世紀
東北印度
黃銅　高12.8厘米

Seated statue of Green Tara
9th Century
Northeast India
Brass
Height: 12.8cm

綠度母高髮髻，大眼厚唇，面部較模糊。袒上身，瘦肩細腰，臂足佩飾環釧。下裙薄透，僅以陰刻雙綫表現衣紋。右手結與願印，左手持蓮花，右舒坐，姿態優美。下承仰覆蓮座，座上緣飾聯珠紋，座下有四足方台。橢圓形鏤空背光，邊緣刻火燄紋，頂部雕傘蓋垂流蘇。

綠度母是藏傳佛教二十一度母之一，是觀音菩薩的化身，具有救度天下的力量，兼有母性柔美溫厚的天性，在印度和西藏極受崇拜，被稱為眾神之母。

42

布聖救度佛母坐像

10世紀
東北印度
黃銅　高20.5厘米
清宮舊藏

Seated statue of Green Tara

10th Century
Northeast India
Brass
Height: 20.5cm
Qing Court collection

布聖救度佛母雙眼及眉間白毫嵌銀，袒上身，豐乳細腰，胸前佩項圈，垂掛聖綫，腰下束裙。乳頭、腹部及裙上有嵌白銀與紅銅相間的花點。右手結與願印，左手持蓮枝，右舒坐。下承覆蓮座，蓮瓣上嵌銀與紅銅，台座足側雕一跪坐供養人。座後背有梵文題記，為供養人名字。火燄紋背光上部雕一對頂球的小象，妙趣橫生。

黃條："大利益梵銅琍瑪布聖救度佛母　乾隆六十年（1795）十二月十八日收　班禪額爾德尼"。布聖救度佛母即綠救度佛母。

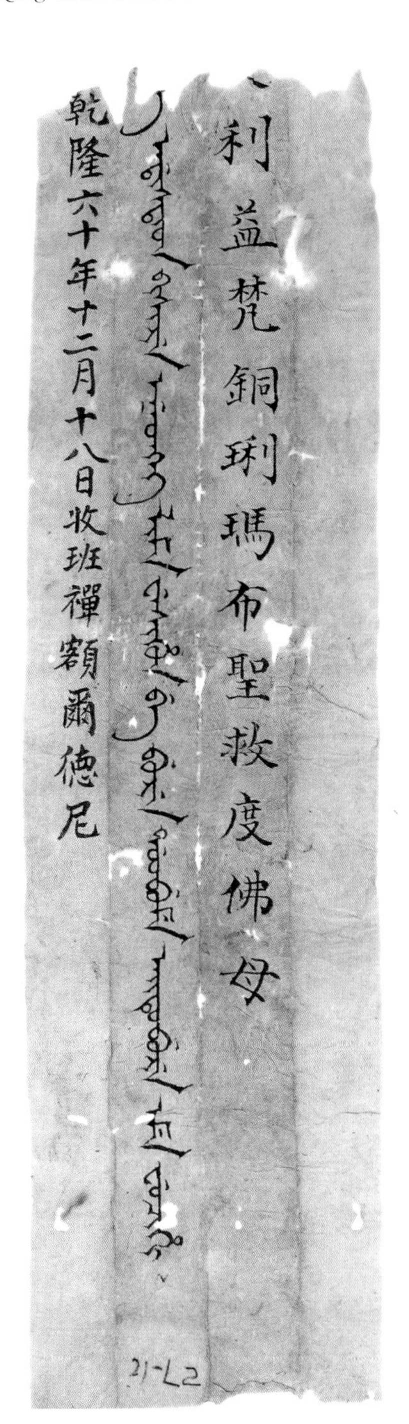
利益梵銅琍瑪布聖救度佛母
乾隆六十年十二月十八日收班禪額爾德尼
21-L2

43

釋迦牟尼佛坐像
10世紀
東北印度
黃銅　高20.7厘米
清宮舊藏

Seated statue of Sakyamuni
10th Century
Northeast India
Brass
Height: 20.7cm
Qing Court collection

釋迦佛印度式臉形，嘴角上翹，面帶笑容，慈祥可親。螺髮，肉髻頂飾摩尼珠。身着袒右袈裟，肩臂彎曲，曲綫圓潤流暢，薄衣貼體，衣紋光滑，垂順自然。右手結觸地印，左手結禪定印，全跏趺坐，有明顯的帕拉造像風格。下承仰覆蓮座，蓮瓣寬扁，瓣尖微捲，上下刻聯珠紋，坐墊鏨刻梅花紋圖案。背光邊緣刻火燄紋，頂飾塔幢式傘蓋。

44

觀音菩薩立像
10世紀
東北印度
黃銅泥金　高16.5厘米
清宮舊藏

Standing statue of Avalokitesvara
10th Century
Northeast India
Gold-overlaid brass
Height: 16.5cm
Qing Court collection

觀音菩薩隆鼻大眼，雙目微垂，笑容含蓄，面相俊美。髮髻高聳成噶當塔形，上有化佛。袒上身，腰束短裙，右手於胸前結印，左手持蓮枝，三折扭身姿，立於覆蓮座上，姿態優雅。座下承束腰方台。背光邊緣鏤雕火燄紋，頂飾塔幢式傘蓋。

此造像具有鮮明的帕拉造像風格。

45

綠度母坐像
10世紀
東北印度
黃銅　高19.3厘米
清宮舊藏

Seated statue of Green Tara
10th Century
Northeast India
Brass
Height: 19.3cm
Qing Court collection

綠度母面相豐滿，垂目微笑。頭戴單葉茂珠冠，袒上身，豐乳細腰，飾項鏈、臂釧、手鐲，垂掛聖綫，腰束長裙。右手結與願印，左手持含苞待放的蓮枝。右舒坐，仰覆蓮座下承六足折角高台，足側跪坐女供養人，合十祈禱。紅色火燄紋背光，頂飾塔幢式傘蓋。

黃條："大利益番銅舊琍瑪綠救度佛母　乾隆四十四年(1779)三月二十一日收　堪布厄爾德尼諾們汗阿旺錯爾體穆"。

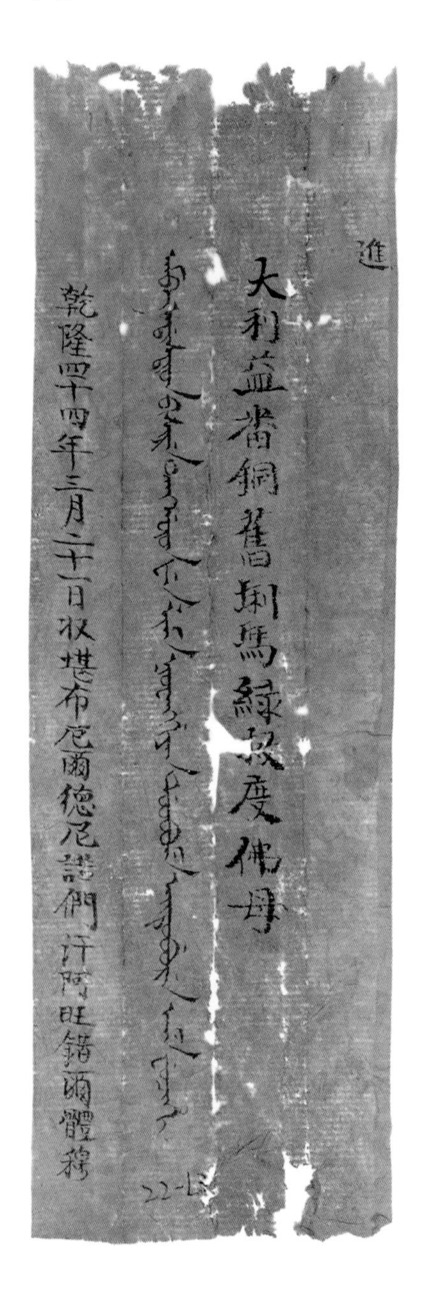
進
大利益番銅舊琍瑪綠救度佛母
乾隆四十四年三月二十一日收堪布厄爾德尼諾們汗阿旺錯爾體穆

46

同侍從白度母坐像

10—11世紀
東北印度
黃銅　高13厘米
清宮舊藏

Seated statue of White Tara with attendants

10th–11th Century
Northeast India
Brass
Height: 13cm
Qing Court collection

白度母戴化佛寶冠，抬頭前視。袒上身，豐乳細腰，佩帶項圈、臂釧、手鐲，腰束長裙，裙面陰刻雙綫衣紋、花點。右手結與願印，左手持蓮枝，全跏趺坐。仰覆蓮座兩側有侍從度母坐在小蓮花上，形象稚拙。座下承六足折角高台，足側跪坐女供養人，合十祈禱。聯珠火燄紋背光頂飾塔幢式傘蓋。

白度母是藏傳佛教的重要女神，也是藏傳佛教諸神中最美的一位，傳說為觀音菩薩化身，常與無量壽佛、尊勝佛母一起供奉，是三長壽佛之一，在西藏極受尊崇。

47

同侍從獅吼文殊菩薩坐像
11世紀
東北印度
黃銅　高24厘米
清宮舊藏

Seated statue of Manjusri on a roaring lion with attendants
11th Century
Northeast India
Brass
Height: 24cm
Qing Court collection

文殊菩薩戴單葉寶冠，束噶當塔式高髻。袒上身，腰束短裙。雙手結說法印，右腿盤曲，左腳踏蓮花，乘坐在回首怒吼的獅子身上。身側雕兩枝婀娜多姿的蓮花。頭光處雕一朵盛開的大蓮花。蓮座旁出兩枝小蓮花，上坐侍從，右為觀音菩薩，左為財神。仰覆蓮座下承有足折角方台。菊花紋頭光，聯珠火燄紋背光頂飾塔幢式傘蓋。

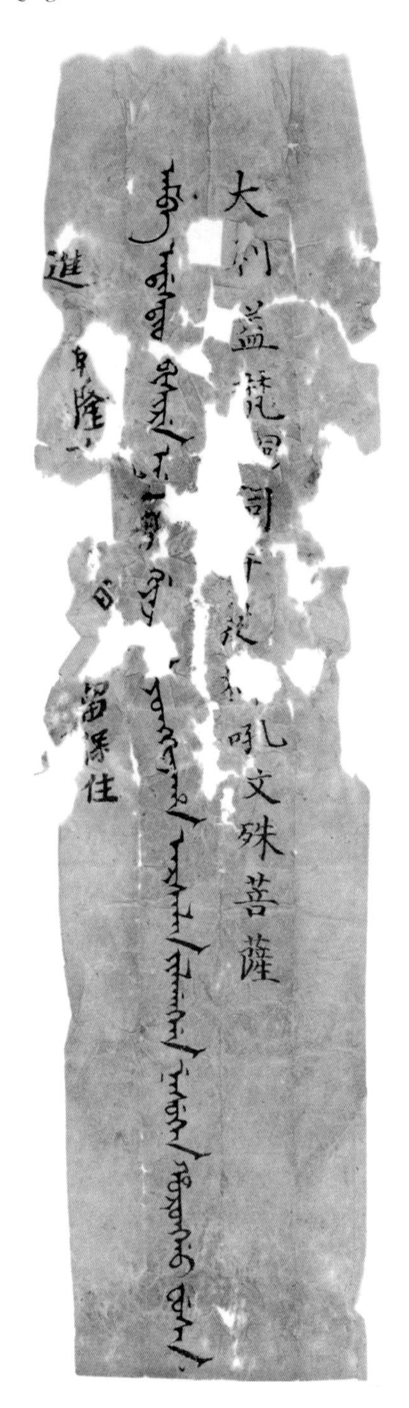

48

金剛菩薩立像
11世紀
東北印度
黃銅鎏金　高56厘米
清宮舊藏

Standing statue of Vajrasattva
11th Century
Northeast India
Gilt brass
Height: 56cm
Qing Court collection

金剛菩薩戴三葉寶冠，髮髻高聳，呈噶當塔形，袒上身，佩飾項鏈、環釧、瓔珞。右手持蓮花，左手持金剛杵，三折扭身姿，曲綫流暢圓潤，造型秀美。仰覆蓮座兩側雕兩枝彎曲向上的蓮花，下承有足折角高台，束腰飾浮雕象和獅子。菊花紋頭光，聯珠火燄紋背光頂部雕傘蓋。

49

白度母坐像

11世紀
東北印度
黃銅　高15.5厘米
清宮舊藏

Seated statue of White Tara
11th Century
Northeast India
Brass
Height: 15.5cm
Qing Court collection

白度母面容豐腴，神態安然。頭戴三葉寶冠，髮髻盤在頭後。寬肩細腰，雙乳豐圓，一條長聖綫從左肩垂下繞到後背。右手結與願印，左手持蓮枝，全跏趺坐。仰覆蓮座下承有足折角方台，台左側雕跪坐女供養人。

黃條："大利益梵同（銅）琍瑪白救度佛母一尊　四十年（1775）十一月初九日　第木乎土克土……（殘）"。

此造像是第穆活佛阿旺強白德勒嘉措（1757—1777年任西藏攝政）所進，第穆是清代西藏著名的大胡土克圖，曾有三位第穆活佛任西藏攝政。

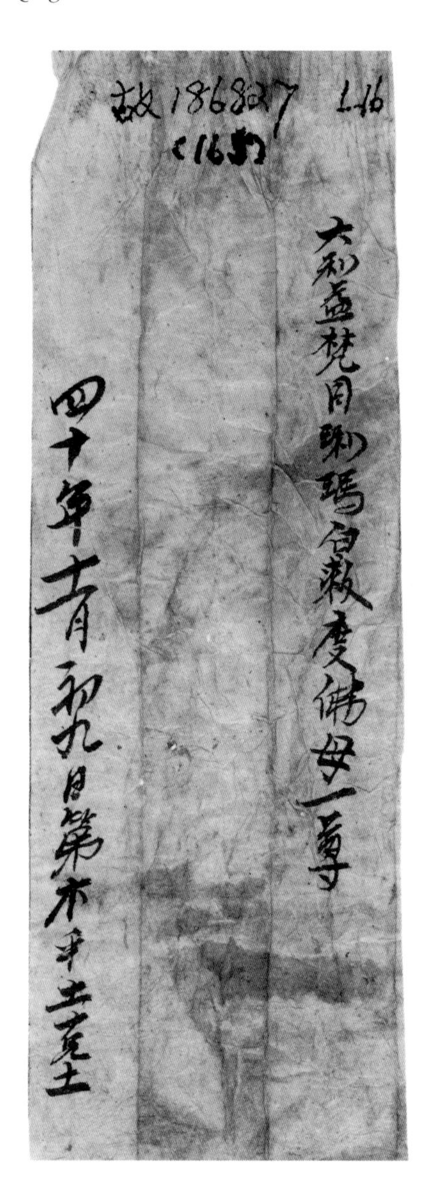

50

同侍從四臂觀音菩薩坐像
11世紀
東北印度
黃銅　高25厘米
清宮舊藏

Seated statue of Four-armed Avalokitesvara with attendants
11th Century
Northeast India
Brass
Height: 25cm
Qing Court collection

觀音菩薩隆鼻大眼，彎眉嵌銀，頭戴五葉寶冠，高髮髻中有化佛，束髮繒帶於耳邊結成扇形花結。胸前雙手結合掌印，後右手拈珠，左手持蓮。腰束長裙，陰刻雙綫衣紋，並敲刻梅花紋圖案，全跏趺坐。背光頂有華蓋。仰覆蓮座下承有足折角方台，台兩側出蓮枝托出二侍從，主尊右側為菩薩，左側為度母。

此造像鎏金，裝飾繁複華麗，有較鮮明的東北印度帕拉造像風格，但工藝較粗，氣韻稍差，應為西藏仿製。

黃條：“利益番……（殘）道光二年（1822）九月十六日收……（殘）”。

51

四臂觀音菩薩立像
11世紀
東北印度
黃銅　高15.8厘米
清宮舊藏

Standing statue of Four-armed Avalokitesvara
11th Century
Northeast India
Brass
Height: 15.8cm
Qing Court collection

觀音菩薩面容清秀，彎眉細目，噶當塔式髮髻高聳。胸前右手結與願印，左手持蓮花，後右手持梵篋，左手拈珠。三折扭身姿，立於仰覆蓮座上，一枝長長的蓮枝隨觀音身體婉轉曲折，襯托出觀音秀美勻稱的身形。紅銅火燄紋背光為清宮造辦處後配。

四臂觀音是由六字真言所化現的，故又稱六字觀音，在藏傳佛教諸多觀音形象中佔有極為重要的地位，廣受尊崇。

52

毗濕奴神立像
11世紀
東北印度
黃銅　高19.5厘米
清宮舊藏

Standing statue of Visnu
11th Century
Northeast India
Brass
Height: 19.5cm
Qing Court collection

毗濕奴一頭四臂，戴寶冠，束高髻。四手分別持權杖、法輪、海螺、蓮花。四肢健壯，姿態僵硬，一隻大花環繞身。旁邊兩位女神是他的妻子，即知識與智慧女神辯才天女和美麗與幸運女神拉克斯米。三蓮座下托有足折角方台。

毗濕奴（梵文visnu）與梵天、濕婆並稱印度教三大主神。波羅王朝後期，佛教與印度教相互融合，在神像的塑造上，除了身份區別外，形式大同小異。

53

濕婆神坐像
11世紀
東北印度
黃銅　高19.5厘米
清宮舊藏

Seated statue of Siva
11th Century
Northeast India
Brass
Height: 19.5cm
Qing Court collection

濕婆一頭四臂，面部泥金，頭戴寶冠，束葫蘆式高髻，袒上身，摟抱妻子烏摩，左腿盤曲，右腿下伸，腳踏坐騎聖牛南第。烏摩坐在濕婆的左腿上，左腿曲起，右腿下垂，仰視濕婆。仰蓮座下承有足折角方台，台下跪坐女供養人。蓮花形頭光外有鏤空火焰紋背光，與佛教造像相同。

濕婆（梵文siva）是印度教三大神之一，具有創造與破壞的雙重力量，形象有舞王相、持琵琶相、智慧相等，此造像為濕婆和他的妻子烏摩遊戲時所現的烏摩坐相，或稱安樂坐相。佛教稱濕婆為大自在天，住色界之頂，為三千界之主。

54

金剛菩薩立像
11世紀
東北印度
黃銅　高23厘米
清宮舊藏

Standing statue of Vajrasattva
11th Century
Northeast India
Brass
Height: 23cm
Qing Court collection

金剛菩薩印度臉形，修眉大眼，戴寶冠，束葫蘆式高髻，束髮繒帶呈兩小扇面形，裝飾於耳旁。袒上身，飾項圈、臂釧、手鐲，垂掛聖綫，多處鑲嵌寶石，現已脱落。肩披帛帶，貼身體兩側自然下垂。右手結與願印，左手持蓮枝，花心托金剛杵。三折扭身姿，立於仰覆蓮座上。座下承有足折角方台。

55

上樂金剛曼荼羅

12世紀
東北印度
黃銅　高43厘米　底徑14厘米
清宮舊藏

Mandala of Samvara

12th Century
Northeast India
Brass
Height: 43cm
Diameter of bottom: 14cm
Qing Court collection

曼荼羅為一朵八瓣蓮花，蓮瓣可開合。上樂金剛站立在蓮花中心，八片蓮瓣內浮雕侍從拱衛上樂金剛，代表上樂金剛壇場。蓮瓣外高浮雕兩層人物、動物，所表現的內容是與上樂金剛有關的經變故事。蓮莖頂部兩側雕日月，下面分兩層雕四菩薩，上層兩位菩薩靜坐，下層兩位躍身抱蓮莖，姿態生動傳神。菩薩四周雕細蓮枝迴旋盤繞。

上樂金剛為藏傳佛教密宗主尊，瑜伽部本尊，五大金剛之一。曼荼羅意譯為壇城、壇場，有“諸法聚集”之意。

56

同侍從四臂觀音菩薩坐像
12世紀
東北印度
銅合金　高39厘米
清宮舊藏

Seated statue of Four-armed Avalokitesvara with attendants
12th Century
Northeast India
Copper alloy
Height: 39cm
Qing Court collection

觀音菩薩面相莊嚴，頭戴化佛冠，髮髻高聳。袒上身，體魄雄健，胸前雙手結合掌印，後兩手拈珠、持蓮花。全跏趺坐於仰覆蓮座上。寶座式背光，上雕金翅鳥及兩條摩羯。兩旁有觀音小像，右邊是遊戲坐觀音，左邊是四臂觀音，皆承仰覆蓮座，座下有婀娜多姿的蓮枝支撐。

此造像工藝精湛，造型優美，菩薩與底座用不同的銅合金鑄造，後鉚接成一體。

57

龍尊王佛坐像
12世紀
東北印度
黃銅　高15厘米
清宮舊藏

Seated statue of Nageshvararaja
12th Century
Northeast India
Brass
Height: 15cm
Qing Court collection

龍尊王佛面相渾圓，大眼厚唇，神態莊嚴肅穆，具有鮮明的印度人形象特徵。螺髮，肉髻凸出，頂飾摩尼珠。寬肩闊背，體態雄健，合於相好標準。身着圓領通肩袈裟，通體光滑，只在雙腿前雕刻垂疊的衣褶。右手施無畏印，左手結禪定印，全跏趺坐於仰覆蓮座上。頭後七條蛇並排呈放射狀，昂頭吐信，蛇身並連如斗篷，披在佛背後，成為龍尊王佛特有的背光形式。

龍尊王佛即龍王，全稱龍種上尊王佛，藏傳佛教認為他是文殊菩薩的法身。

58

金剛手菩薩立像

8—9世紀
尼泊爾
紅銅鎏金　高27.5厘米
清宮舊藏

Standing statue of Vajrapani

8th–9th Century
Nepal
Gilt copper
Height: 27.5cm
Qing Court collection

菩薩面相端莊，微帶笑意，頭戴三葉寶冠，髮辮披在肩頭。袒上身，胸飾項鏈，左肩垂聖綫，彎曲繞於身後，右手輕捏圓果，左手持金剛杵。下束長裙，一條寬帛帶斜紮在兩腿間，一端飄在身體右側。身形修長，比例適度，身姿優美自然。腳踏仰覆蓮座，火燄紋頭光與頭部連鑄一體，和諧完美。

59

觀音菩薩坐像
9世紀
尼泊爾
紅銅　高13.2厘米
清宮舊藏

Seated statue of Avalokitesvara
9th Century
Nepal
Copper
Height: 13.2cm
Qing Court collection

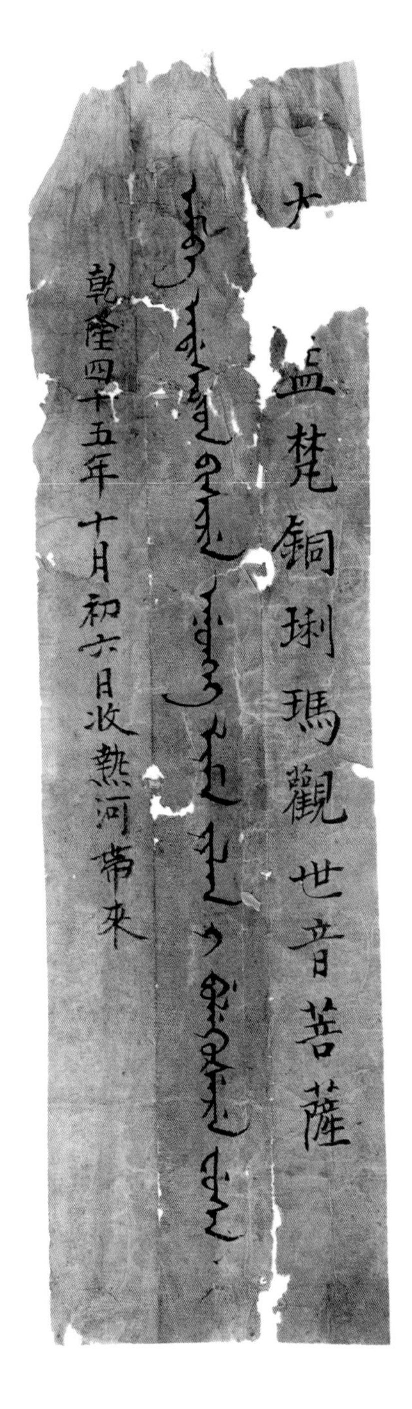

觀音菩薩頭戴立佛寶冠，辮髮垂肩。袒上身，飾項圈、手鐲、聖綫。右手結與願印，左手持蓮枝，右舒坐在仰蓮座上，座下有方台，長裙一角垂在台前。身後飾聯珠火燄紋背光。

黃條："大利益梵銅琍瑪觀世音菩薩乾隆四十五年（1780）十月初六日收熱河帶來"。

60

地藏王菩薩龕像

9世紀
尼泊爾
紅銅鎏金　高14厘米
清宮舊藏

Statue of Ksitigarbha in a shrine
9th Century
Nepal
Gilt copper
Height: 14cm
Qing Court collection

地藏王菩薩頭戴三葉寶冠，上身袒露，戴項鏈、臂釧、手鐲，前胸垂掛聖綫，右手施無畏印，左手持摩尼珠、麥穗，全跏趺坐。下承仰覆蓮座，大蓮瓣匍匐地面。圓形背光只殘留下半部。

銅鎏金佛龕為清宮所製，前面開玻璃門，龕楣上刻“地藏王菩薩”，龕後刻銘文：“南無地藏王菩薩摩訶薩　乾隆十七年(1752)六月初九日供奉　大利益梵銅琍瑪地藏王菩薩　咸豐三年(1853)八月初一日自如是室敬請　萬代供奉虔誠頂禮敬皈依超苦海之眾生同登極樂　御筆敬識”。此造像是乾隆、咸豐兩代皇帝親自供奉的珍貴佛像。

地藏王菩薩是藏傳佛教密宗的八大菩薩之一。

61

四臂般若佛母坐像

9世紀
尼泊爾
黃銅　高15.2厘米
清宮舊藏

Seated statue of Four-armed Prajnaramiba
9th Century
Nepal
Brass
Height: 15.2cm
Qing Court collection

般若佛母面容清秀，頭戴瓔珞寶冠，袒上身，豐乳細腰，胸前斜披陰綫淺刻的寬帛帶，腰束刻花長裙，裝飾簡約。胸前兩手平托碩大的圓果，後右手握梵篋，左手拈珠，全跏趺坐。下承仰覆蓮座，蓮瓣寬肥，匍匐地面。鏤空蓮瓣紋頭光與肩後連鑄。

黃條：“大利益梵銅琍瑪四臂般若佛母　乾隆四十二年(1777)五月二十九日收　達賴喇嘛進”。

62

四臂佛母立像
9世紀
尼泊爾
紅銅　高18厘米
清宮舊藏

Standing statue of Four-armed Goddess
9th Century
Nepal
Copper
Height: 18cm
Qing Court collection

佛母面相清秀，隆鼻彎眉，表情靜穆。束山形高髮髻，戴三葉寶冠，冠葉呈摩尼寶狀，袒上身，肩披帛帶，腰束長裙，裙上鏨刻梅花紋飾，衣裙貼體飄逸，富於動感。四手各持法器，下承半圓形仰覆蓮座，蓮瓣寬厚，直伏地面。鏤空聯珠火燄紋頭光與頭部結合，自然和諧。

此造像具有典型的尼泊爾造像風格。

黃條："利益番銅利瑪四臂⋯⋯（殘）六年七月⋯⋯（殘）進"。

63

救度佛母立像
9世紀
尼泊爾
紅銅鎏金　高20.5厘米
清宮舊藏

Standing statue of Tara
9th Century
Nepal
Gilt copper
Height: 20.5cm
Qing Court collection

度母面容俊美，梳雙髮髻，頭戴單葉寶冠。豐乳、細腰、肥髖，身飾項鏈、臂釧、手鐲、腳鐲等飾物，並鑲嵌松石、水晶。帛帶從左臂後飄下。腰束貼體長裙，裙面陰綫刻横向花紋。三折扭身姿，閒適自如，立於仰覆蓮座上，身後飾火燄紋頭光。臂釧戴在近腋窩處，是這一時期度母裝飾的一個特點。

64

毗盧佛坐像
9世紀
尼泊爾
黃銅　高12.5厘米
清宮舊藏

Seated statue of Vairocana
9th Century
Nepal
Brass
Height: 12.5cm
Qing Court collection

毗盧佛高髮髻，戴三葉寶冠，三角形冠葉向內收攏成圓弧形，髮辮披肩，神態莊嚴。袒上身，寬肩細腰，斜披帛帶，飾項圈、臂釧、手鐲。雙手相握結智拳印，全跏趺坐。下承仰覆蓮座，仰蓮瓣大，覆蓮瓣小，向內收縮，與尼泊爾佛座大覆蓮瓣匍匐地面的形式有所不同。

65

毗盧佛坐像
10—11世紀
尼泊爾
黃銅　高23厘米
清宮舊藏

Seated statue of Vairocana
10th–11th Century
Nepal
Brass
Height: 23cm
Qing Court collection

毗盧佛戴“山”字形寶冠，雙目俯視，神態莊嚴。通體光滑，不刻衣紋，只刻出裙邊，腰腹結合處刻一深溝綫，手結智拳印。身兩側雕長枝蓮花，頂立法輪、金剛鈴。全跏趺坐，十字花紋坐墊下承鏤空方形雙獅台座，正面雕三力士和雙獅。座底邊刻梵文銘文，內填黑漆，其意為法身偈。

此造像尚有5世紀印度鹿野苑佛像的遺韻，但增加了華麗的裝飾，衣緣鑲嵌紅銅、銀絲。寶冠、項圈、臂釧、坐墊等處鑲嵌各色寶石。

66

不動佛坐像
10—11世紀
尼泊爾
銅合金　高15.5厘米
清宮舊藏

Seated statue of Acala
10th–11th Century
Nepal
Copper alloy
Height: 15.5cm
Qing Court collection

不動佛面相方圓，五官緊湊似童子。螺髮高髻，頭頂飾寶珠。着袒右袈裟，袈裟部分用紅銅，露肌膚處用黃銅。右手結觸地印，左手結禪定印，全跏趺坐。雕刻獅子、漩渦捲雲紋的坐墊下承多折角象獅台座，正面鏤雕男女二藥叉對坐，兩邊雕大象、獅子。

此造像採用兩種不同顏色質地的銅鑄造，不但鑄合嚴密、渾然如一，而且曲綫分明，工藝極為高超。

不動佛為五方佛之一，位於東方，為金剛部部主，代表“法界體性智”。

67

不動佛坐像
10—11世紀
尼泊爾或東北印度
黃銅　高20厘米
清宮舊藏

Seated statue of Acala
10th–11th Century
Nepal or Northeast India
Brass
Height: 20cm
Qing Court collection

不動佛面相長圓，彎眉長目，厚下唇，神態莊嚴祥和。頭戴寶冠，兩耳垂肩，兩端鑲松石。身形健壯，肌膚圓潤光滑，着袒右袈裟，不刻衣紋，身形畢現，胸腹之間刻一道深溝綫。右手結觸地印，左手結禪定印，全跏趺坐。下承仰覆蓮座，底板刻古梵文銘文五行。

此造像繼承了印度笈多王朝鹿野苑造像的風範。衣邊嵌紅銅細綫，蓮瓣嵌紅銅、白銀薄片，紅白相間，顏色優美，工藝精湛。

68

毗盧佛坐像
10—11世紀
尼泊爾
黃銅　高20厘米
清宮舊藏

Seated statue of Vairocana
10th–11th Century
Nepal
Brass
Height: 20cm
Qing Court collection

毗盧佛雙目微啟，神態慈祥。頭戴“山”字形高冠，身着圓領大袍，飾項鏈、瓔珞、臂釧、手鐲。手結智拳印，掌心嵌銀法輪，全跏趺坐，是佛的千輻輪相。十字花紋坐墊下承多折角雙獅台座，正面鏤雕五位侍從菩薩和雙獅，獅子座代表毗盧佛遊行無畏。座後雕八位菩薩坐在蓮枝中，動作各異。座下沿刻梵文銘文，內填黑漆，內容為法身偈。

毗盧佛為五方佛之一。其寶冠、眼睛、白毫、項圈嵌銀，衣緣嵌紅銅、銀聯珠綫，佛身、坐墊鑲嵌珊瑚、松石、青金石，五彩斑斕，豪華精美。

69

不動佛坐像
10—11世紀
尼泊爾
黃銅　高22厘米
清宮舊藏

Seated statue of Acala
10th–11th Century
Nepal
Brass
Height: 22cm
Qing Court collection

不動佛頭戴“山”字形冠，身着袒右袈裟，右手結觸地印，左手結禪定印，全跏趺坐。十字花紋坐墊下承多折角雙象台座，座正面鏤雕五位侍從菩薩和兩頭大象，象座代表不動佛有大力。座後雕八位菩薩，座下沿刻梵文銘文，內填黑漆，內容為法身偈。

此造像與前圖是同一堂五方佛，造型、工藝一樣。寶冠、眼睛、白毫、項圈嵌銀，聖綫、衣緣嵌紅銅，佛身、坐墊嵌珊瑚、松石、青金石，豪華精美。

70

寶生佛坐像
10—11世紀
尼泊爾
黃銅　高22厘米
清宮舊藏

Seated statue of Ratnasambhava
10th–11th Century
Nepal
Brass
Height: 22cm
Qing Court collection

寶生佛彎眉長目，以慈祥的目光俯看眾生。頭戴“山”字形寶冠，身着袒右袈裟，飾瓔珞、臂釧。右手結與願印，左手結禪定印，全跏趺坐。十字花紋坐墊下承多折角雙馬台座，正面鏤雕五菩薩和雙馬，馬座表寶生佛的神力。座後雕八菩薩，座下沿刻梵文法身偈。

此造像與前圖為同一堂五方佛，裝飾豪華精美。

黃條：“大利益梵銅琍瑪昭釋迦牟尼佛　嘉慶四年（1799）六月十六日收班禪額爾德尼進”。

寶生佛為五方佛之一，居南方，代表五佛五智中的“平等性智”，也稱“灌頂智”。

71

阿彌陀佛坐像
10—11世紀
尼泊爾
黃銅　高21.5厘米
清宮舊藏

Seated statue of Amitabha
10th–11th Century
Nepal
Brass
Height: 21.5cm
Qing Court collection

阿彌陀佛頭戴“山”字形寶冠，身着圓領大袍，飾瓔珞、臂釧，雙手結禪定印，全跏趺坐。十字花紋坐墊，下承多折角雙孔雀台座，座正面鏤雕五菩薩和雙孔雀，各以圓柱相隔，孔雀座代表阿彌陀佛的自在，座下沿刻梵文法身偈。

此造像與前圖為同一堂五方佛，工藝精湛，鑲嵌寶石，裝飾華美。

72

不空成就佛坐像
10—11世紀
尼泊爾
黃銅　高21.5厘米
清宮舊藏

Seated statue of Amoghasiddhi
10th–11th Century
Nepal
Brass
Height: 21.5cm
Qing Court collection

不空成就佛頭戴“山”字形寶冠，身着袒右袈裟，飾瓔珞、臂釧，右手施無畏印，左手結禪定印，掌中嵌銀法輪，全跏趺坐，是佛的千輻輪相。十字花紋坐墊下承多折角雙金翅鳥台座，座正面鏤雕五菩薩和雙大鵬金翅鳥，座下沿刻梵文法身偈。

此造像與前圖為同一堂五方佛。

73

不動佛坐像
11—12世紀
尼泊爾
黃銅　高19厘米
清宮舊藏

Seated statue of Acala
11th–12th Century
Nepal
Brass
Height: 19cm
Qing Court collection

不動佛彎眉高挑，細目俯視，相貌俊美。頭戴單葉寶冠，束髮繒帶垂肩，耳嵌松石。身着袒右袈裟，光滑無衣褶，陰綫刻出衣緣花邊，鑲嵌紅銅綫。肌膚圓潤，佩嵌松石的項圈、臂釧，保持着鹿野苑造像風範。右手結觸地印，左手結禪定印，全跏趺坐。下承仰覆蓮座，加十字花紋底台，裝飾三道聯珠紋。

74

金剛手菩薩立像
10—11世紀
尼泊爾
紅銅　高26厘米
清宮舊藏

Standing statue of Vajrapani
10th–11th Century
Nepal
Copper
Height: 26cm
Qing Court collection

金剛手菩薩頭戴三葉寶冠，冠葉內收抱攏，袒上身，佩戴項圈。右手施無畏印，左手持金剛杵。腰束貼體長裙，右腿裙長，左腿裙短，兩腿間裙褶下垂，斜紮帛帶，在身體右側打結，垂於右腿側，是此期尼泊爾菩薩像的流行服飾。上身和腿部露肌膚處泥金。下承仰覆蓮座。

75

觀音菩薩立像

11世紀
尼泊爾
紅銅鎏金　高30厘米
清宮舊藏

Standing statue of Avalokitesvara
11th Century
Nepal
Gilt copper
Height: 30cm
Qing Court collection

觀音菩薩面相端莊英俊，頭戴三葉寶冠，冠尖合攏。袒上身，右手持蓮蕾長枝，蓮枝隨身形宛轉延伸與蓮座相連，左手結與願印，這與常見的蓮花手觀音右手結與願印、左手持蓮花的樣式正相反。腰下束貼體長裙，用凸起的細圓綫表現衣紋起伏。三折扭身姿立於仰覆蓮座上，和諧自如。肩後連鑄火燄紋頭光。

76

阿彌陀佛坐像
11世紀
尼泊爾
紅銅鎏金　高18厘米
清宮舊藏

Seated statue of Amitabha
11th Century
Nepal
Gilt copper
Height: 18cm
Qing Court collection

阿彌陀佛面相圓潤，神態莊嚴。頭戴寶冠，袒上身，斜披帛帶，佩項圈和裝飾珠寶的臂釧，通體光滑不刻衣褶，雙手平疊結禪定印，全跏趺坐。下承仰覆蓮座，蓮瓣平圓，表面刻川字形葉筋，座下有束腰方台。

77

觀音菩薩坐像
11世紀
尼泊爾
紅銅泥金　高19厘米
清宮舊藏

Seated statue of Avalokitesvara
11th Century
Nepal
Gold-overlaid copper
Height: 19cm
Qing Court collection

觀音菩薩面相清秀，彎眉長目，直鼻小口，辮髮高盤，頭頂單葉化佛寶冠，冠前垂珠。袒上身，斜披帛帶，右手結與願印，左手扶盛開的長枝蓮花。右舒坐，腳踏小朵蓮花，姿態輕鬆舒展。下承仰覆蓮座，座下有束腰方台。

78

四臂金剛佛母坐像
11世紀
尼泊爾
紅銅鎏金　高13.5厘米
清宮舊藏

Seated statue of Four-armed Diamond Goddess
11th Century
Nepal
Gilt copper
Height: 13.5cm
Qing Court collection

金剛佛母神情莊嚴肅穆，高髮髻，正中裝飾單葉寶冠。袒上身，乳豐溜肩，斜披帛帶，飾項鏈、臂釧。胸前二臂右手握圓果，左手半握放膝頭；身後右手拈珠，左手持金剛杵，右舒坐，腳踏小朵蓮花，團花紋坐墊下承雙獅方台座，台底沿雕覆蓮一周。

79

持世菩薩坐像
11—12世紀
尼泊爾
紅銅鎏金　高17.5厘米
清宮舊藏

Seated statue of Vasudhara
11th–12th Century
Nepal
Gilt copper
Height: 17.5cm
Qing Court collection

持世菩薩一頭六臂，面相橢圓，清秀俊美。頭戴嵌紅藍寶石的單葉寶冠，袒上身，豐乳細腰，身形苗條，飾項圈、臂釧、手鐲。六手各持寶瓶、穀穗、梵篋、珠寶等物。腰下束裙，裙面光滑，裙邊雕數道凸起的褶紋。裙擺下垂，平鋪在坐墊前。右舒坐，腳踏地面。台座、背光已佚。

持世菩薩原為印度教的財富女神，後被佛教吸收成為黃財神之妻，稱為財續佛母，能予人以豐收與財富。

80

綠度母坐像
12世紀
尼泊爾
紅銅鎏金　高14厘米
清宮舊藏

Seated statue of Green Tara
12th Century
Nepal
Gilt copper
Height: 14cm
Qing Court collection

綠度母面相清瘦俊美，耳佩大耳璫，長髮披肩。戴單葉珠寶冠，束雙髮髻，袒上身，佩帶鑲嵌水晶石、藍寶石的項鏈、臂釧。斜披帛帶，垂於身後，右手結與願印，左手持蓮花枝，彎曲粗壯的花枝與身後的蓮座鑄在一起。右舒坐，腳踏蓮花，身軀略側扭，一派丰姿綽約的美女形象。下承仰覆蓮座。

81

綠度母立像
13世紀
尼泊爾
黃銅　高16.5厘米
清宮舊藏

Standing statue of Green Tara
13th Century
Nepal
Brass
Height: 16.5cm
Qing Court collection

綠度母面相飽滿，頭戴三葉寶冠，尖葉突出頭頂。袒上身，豐乳細腰，飾瓔珞，帛帶繞右臂飄下。左臂旁雕一朵蓮花，左手持蓮枝，右手結與願印。腰下束裙，三折扭身姿立於仰覆蓮座上，蓮枝隨身彎曲下垂在座面上。

此造像身形比例合度，雙乳略靠上，是尼泊爾女神形象特徵。

黃條：“大利益巴勒波琍瑪綠救度佛母　乾隆三十九年（1774）九月十一日收　報上請來”。巴勒波即尼泊爾，也譯為巴勒布，是清代對尼泊爾的稱呼。

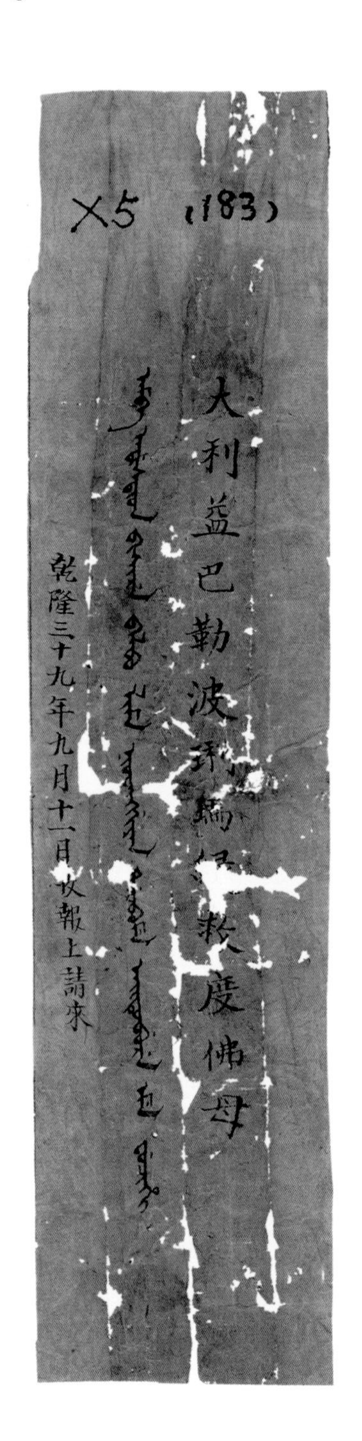

82

文殊菩薩坐像
13世紀
尼泊爾
黃銅　高16.7厘米
清宮舊藏

Seated statue of Manjusri
13th Century
Nepal
Brass
Height: 16.7cm
Qing Court collection

文殊菩薩面相方圓，眉間白毫凸出，端莊優雅。頭戴三葉寶冠，冠前垂珠，高髮髻上飾珠寶。袒上身，斜披刻花帛帶，腰下束貼體長裙，用刻綫表現衣褶，薄衣透體。右肩側雕蓮花托劍。右腿盤曲，左腿抬起，輪王坐式，身體右扭，富有動感。下承光素的仰覆蓮座，蓮瓣寬肥。身後飾鏤空聯珠火燄紋背光。

黃條：“大利益梵銅琍瑪文殊菩薩
乾隆四十八年（1783）十一月十四日收　扎薩克台吉索諾木旺扎爾進”。

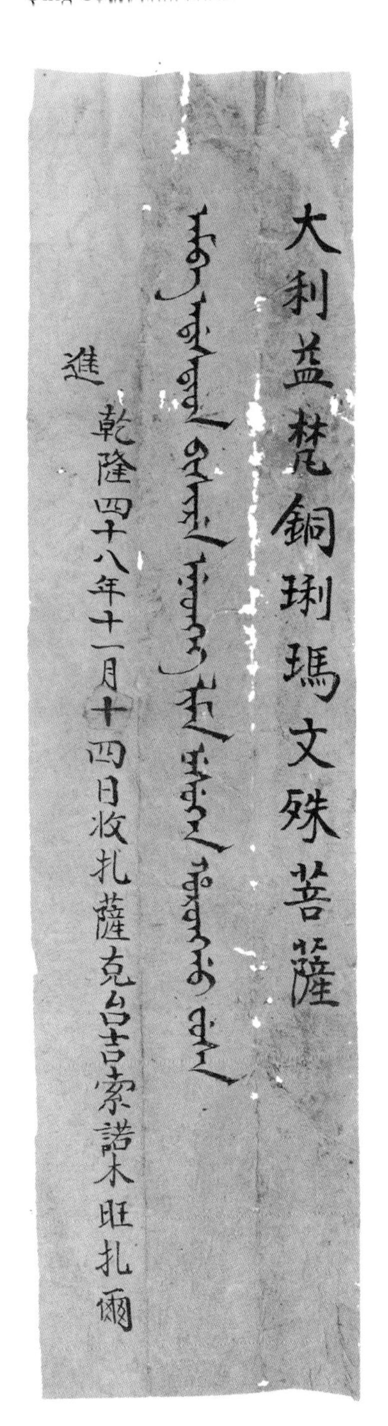
大利益梵銅琍瑪文殊菩薩
乾隆四十八年十一月十四日收扎薩克台吉索諾木旺扎爾
進

83

文殊菩薩坐像
12—13世紀
尼泊爾
黃銅　高23.5厘米
清宮舊藏

Seated statue of Manjusri
12th–13th Century
Nepal
Brass
Height: 23.5cm
Qing Court collection

文殊菩薩神態端嚴，頭戴三葉寶冠，冠葉尖收攏。袒上身，寬胸闊背，身形健壯，斜披寬帛帶，飾項鏈、臂釧、手鐲。右手施無畏印，左手握梵篋，放在左膝上，全跏趺坐。下承光素仰覆蓮座。

此造像較多吸收了東北印度帕拉王朝佛像的因素。

84

無量壽佛坐像

14世紀
尼泊爾
銅合金　高18厘米
清宮舊藏

Seated statue of Amitayus

14th Century
Nepal
Copper alloy
Height: 18cm
Qing Court collection

無量壽佛面相英俊，雙目有神，戴三葉寶冠，冠葉尖收攏。袒上身，肩寬腰細，肌膚豐滿，斜披帛帶，佩飾項圈、臂釧，腰下束裙。雙手結禪定印，上托無量寶瓶，全跏趺坐。

此造像採用紅琍瑪鑄造，紅琍瑪是一種淺咖啡色的銅合金。

紫檀木鏤雕雙獅座及雙摩羯背光，皆清宮特製，雕刻精緻，高貴華美。座四面刻漢、滿、蒙、藏四種金字銘文："乾隆二十五年（1760）九月初十日　欽命章嘉胡土克圖認看供奉利益紅琍瑪無量壽佛"。

乾隆二十
五年九月
初十日
欽命章嘉胡
土克圖認
看供奉利
益紅琍瑪
無量壽佛

西藏本地類型造像

Style of Buddhist Statue in Tibet

85

同侍從無量壽佛坐像
10—11世紀
西藏
黃銅　高24厘米
清宮舊藏

Seated statue of Amitayus with attendants
10th–11th Century
Tibet
Brass
Height: 24cm
Qing Court collection

無量壽佛面相長圓，彎眉細目，大耳垂肩。身着圓領僧衣，只在腋窩和臂彎陰刻兩道衣紋，無任何飾物。雙手托無量寶瓶，全跏趺坐於仰覆蓮座上。蓮座下承有足雙獅方台，左右雕二侍立菩薩。背光仿東北印度帕拉王朝造像，為靠背式，雲紋頭光中心飾大蓮花，頂部立佛塔，頭光左右雕二人身龍尾的龍王，雙手持蛇。

此造像是西藏的早期佛像珍品。

佛龕刻漢、滿、蒙、藏四種銘文：“乾隆十七年（1752）六月初九日　欽命章嘉胡土克圖認看供奉大利益梵銅琍瑪無量壽佛”。

86

黃布祿王金剛坐像
10—11世紀
西藏或尼泊爾
紅銅　高13.8厘米
清宮舊藏

Seated statue of Yellow Jambhala
10th–11th Century
Tibet or Nepal
Copper
Height: 13.8cm
Qing Court collection

進
利益番造黃布祿王金剛
三十五年八月初九日收巴祿

黃布祿王金剛面相豐圓，頭戴獨葉寶冠，佩大耳璫，身形粗壯，袒上身，佩飾珠寶項鏈、臂釧，陰綫刻出斜披的寬帛帶，左肩垂掛聖綫，腰下束刻花長裙。右手握圓果，左手持含苞待放的蓮花，右舒坐，腳踏小朵蓮花。仰蓮座下承四足方台，顯示了其在眾多財神中的尊貴地位。

黃條："利益番造黃布祿王金剛　三十五年（1770）八月初九日收　巴祿進"。

黃布祿王金剛即黃財神，是藏傳佛教九位財神之一。

87

金剛勇識菩薩坐像
11世紀
西藏
紅銅　高18厘米
清宮舊藏

Seated statue of Vajrasattva
11th Century
Tibet
Copper
Height: 18cm
Qing Court collection

金剛勇識菩薩雙眉連成弓形，寬鼻長目，表情憤怒。頭戴三葉冠，髮髻高聳，呈噶當塔形，耳邊出繒帶花結，肩披帛帶。右手持杵，左手持鈴，下着裙，質感厚重，全跏趺坐於高台仰覆蓮座上。背光陰刻火燄紋，頂飾塔形傘蓋。

此造像造型樸拙簡約，兼受帕拉與克什米爾風格影響，而以帕拉為主導。

黃條："大利益梵銅琍瑪金剛勇識菩薩　乾隆四十八年(1783)十一月十四日收　公扎什那木扎爾進"。

金剛勇識菩薩又譯為"金剛薩埵"，意為金剛勇猛心，藏密認為他是本初佛，是普賢菩薩的化身，為密宗百部主尊之共主。

88

不動金剛立像
11世紀
西藏
黃銅　高12厘米
清宮舊藏

Standing statue of Acala
11th Century
Tibet
Brass
Height: 12cm
Qing Court collection

不動金剛赤髮紅鬚，怒目圓睜，呈忿怒相。身形粗壯，大腹，袒上身，飾項鏈、臂釧，胸前斜掛聖綫，腰下束虎皮裙。右手舉劍，左手持唸珠和金剛杵。火餤紋背光，頂立小塔雙幡，形式簡略，風格粗獷。

黃條："大利益梵銅琍瑪不動金剛乾隆三十九年（1774）九月二十四日收莽古來進"。

89

觀音菩薩立像
11世紀
西藏
黃銅泥金　高30厘米
清宮舊藏

Standing statue of Avalokitesvara
11th Century
Tibet
Gold-overlaid brass
Height: 30cm
Qing Court collection

觀音菩薩雙目俯視，神態肅然。高髮髻束成菊花狀，髮梢垂肩，身形修長，頸掛過膝大瓔珞。右手施無畏印，左手持蓮花枝，立於覆蓮座上，下承光素方形高台。頭光與背光陰刻火燄紋，頭光頂部飾塔幢、雙幡、摩尼寶珠。

此造像身形、肌肉、台座、背光、大瓔珞等均保留着克什米爾風格特徵。

90

般若佛母立像

11世紀
西藏
黃銅　高14厘米
清宮舊藏

Standing statue of Pradjnaparamiba
11th Century
Tibet
Brass
Height: 14cm
Qing Court collection

佛母面相平和敦厚，寬鼻大嘴。頭戴三葉寶冠，冠頂及雙耳上方均有環形裝飾，耳邊繒帶彎轉上飄。薄衣貼體，飾臂釧、瓔珞，雙臂間有帛帶纏繞。右手結與願印，左手持蓮花枝，蓮花上托梵篋。腰束短裙，立於仰覆蓮座上，座下有四足方台。

此造像受克什米爾風格影響，工藝樸拙厚重。

91

文殊菩薩坐像
11—12世紀
西藏
黃銅　高13厘米
清宮舊藏

Seated statue of Manjusri
11th–12th Century
Tibet
Brass
Height: 13cm
Qing Court collection

文殊菩薩面相方圓，雙眼大開。頭戴寶冠，噶當塔式高髮髻，髮辮覆肩，繒帶彎轉上飄。袒上身，寬肩細腰，身形健壯，右手上舉利劍，左手持蓮花枝，右舒坐，腳踏蓮花。下承覆蓮座，座下有鏤空六足折角高台。

此造像具有明顯的克什米爾風格。

佛教中利劍代表智慧，寓意為以智慧之劍斬斷種種煩惱業障而生大智。

92

文殊菩薩立像

11—12世紀
西藏
黃銅　高22.5厘米
清宮舊藏

Standing statue of Manjusri
11th–12th Century
Tibet
Brass
Height: 22.5cm
Qing Court collection

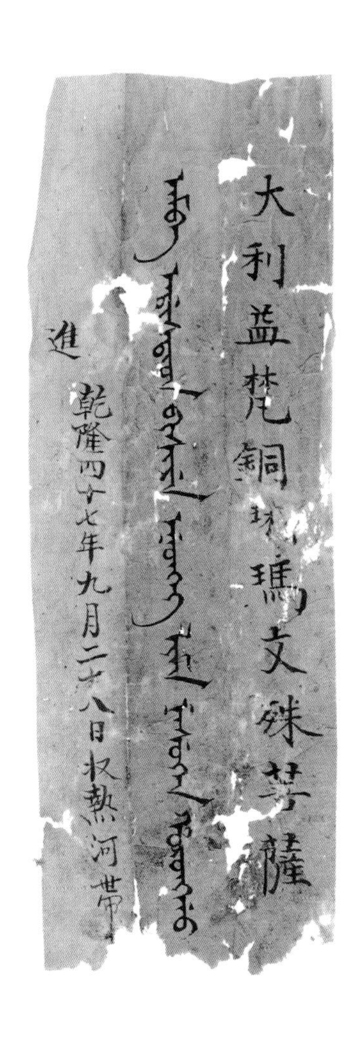
大利益梵銅琍瑪文殊菩薩
乾隆四十七年九月二十八日收熱河帶
進

文殊菩薩面相清秀，微帶怒容，充滿兒童稚氣。右手舉利劍，左手持蓮枝，姿態僵硬。仿帕拉式樣的多層折角方台與蓮座，簡化成厚圓墊與多層束腰方台，充滿抽象樸拙的意趣。火燄紋背光，頂立覆缽式塔，旁飾翻捲的雙幡。

黃條：“大利益梵銅琍瑪文殊菩薩乾隆四十七年（1782）九月二十八日收熱河帶來……進”。

93

觀音菩薩立像
11—12世紀
西藏
黃銅　高18.5厘米
清宮舊藏

Standing statue of Avalokitesvara
11th–12th Century
Tibet
Brass
Height: 18.5cm
Qing Court collection

觀音菩薩笑意盎然，髮髻高扁，戴三葉寶冠，不刻珠寶。袒上身，肩披羊皮、帛帶，身飾項鏈、臂釧，垂掛長聖綫。右手結與願印，指尖下垂淨瓶，左肩上雕蓮花，左手持蓮花枝。三折扭身姿，體態自然，立於仰覆蓮座之上。背光鏤空，外雕馬頭形輪廓。

94

同侍從文殊菩薩立像
11—12世紀
西藏
黃銅　高18.1厘米
清宮舊藏

Standing statue of Manjusri with attendants
11th–12th Century
Tibet
Brass
Height: 18.1cm
Qing Court collection

文殊菩薩戴單葉寶冠，束高髮髻，繒帶上飄。袒上身，寬肩細腰，身姿扭曲生硬。右手持短劍，左手持蓮枝，蓮花上托梵篋，立於正中覆蓮座上，造型質樸粗獷。主尊兩側雕侍從菩薩，右為金剛手菩薩，左為觀音，皆立於覆蓮座上。座下的鏤空四足長方台為後期所配。

這種三尊組合造像是12世紀西藏西部佛教造像中常見的題材。

95

文殊菩薩立像
11—12世紀
西藏
黃銅　高15.5厘米
清宮舊藏

Standing statue of Manjusri
11th–12th Century
Tibet
Brass
Height: 15.5cm
Qing Court collection

文殊雙目前視，頭戴三葉寶冠，髮辮覆肩。袒上身，飾臂釧、瓔珞。腰下束裙，腰帶上嵌青金石。右手舉劍，劍尖與冠葉連鑄，左手持蓮花枝，蓮花上托梵篋，蓮枝彎曲，一直連接到雙腳所踏的蓮蓬上，下承覆蓮座。

此造像後背表面粗糙且內凹，是其工藝特徵。

黃條："大利益梵銅琍瑪文殊菩薩……一十五年十月二十三日收　達賴喇嘛……"

96

文殊菩薩立像
11—12世紀
西藏
黃銅　高15厘米
清宮舊藏

Standing statue of Manjusri
11th–12th Century
Tibet
Brass
Height: 15cm
Qing Court collection

文殊菩薩面帶微笑，髮髻高聳，袒上身，寬肩細腰，大手張開，形像稚拙。身飾瓔珞、臂釧，腰下束裙。右手持劍，左手持蓮枝，雙腳踏小圓底板，底板鑲在銅鎏金覆蓮座上，座為後配。背光只刻簡單的“S”形陰綫，代表火燄，逸筆草草，別有韻味。

黃條：“大利益梵銅琍瑪文殊菩薩　二十六年(1761)十二月初九日　雍和宮換下”。表明此造像曾在雍和宮內供奉。

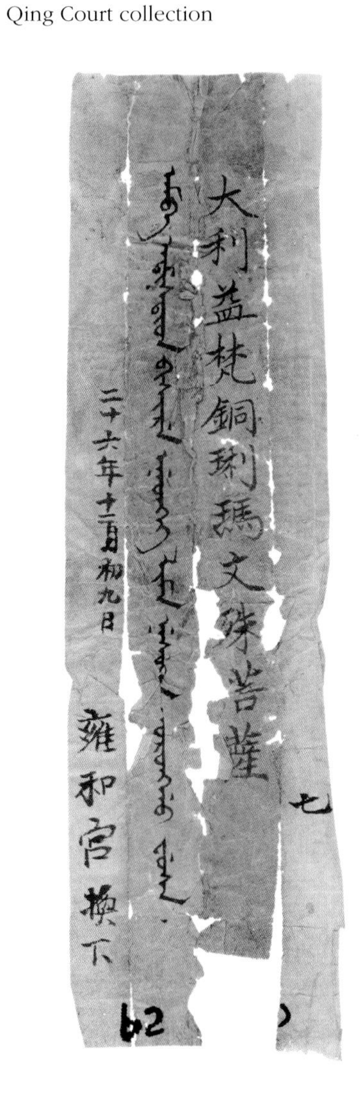

97

文殊菩薩立像
11—12世紀
西藏
黃銅　高14.4厘米
清宮舊藏

Standing statue of Manjusri
11th–12th Century
Tibet
Brass
Height: 14.4cm
Qing Court collection

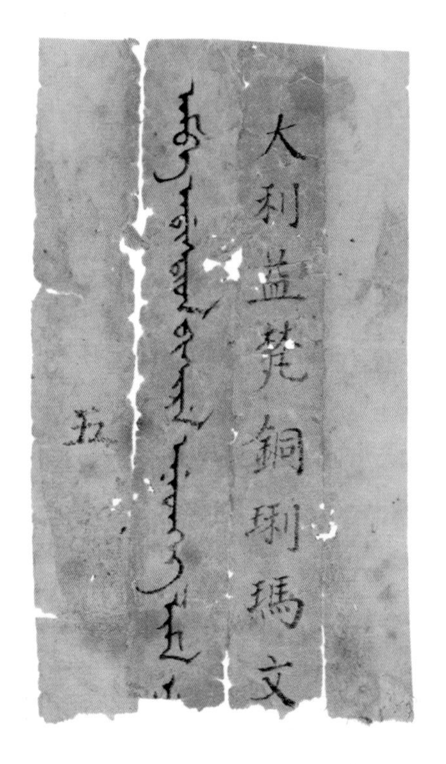

文殊菩薩束蕉葉形高扁髮髻，繒帶突出。袒上身，寬肩細腰，身飾項鏈、臂釧、聖綫，只具簡單的外形，沒有細緻的雕刻。右手持劍，左手持蓮枝，蓮花上托梵篋。腰束長裙，裙擺呈鳥翅狀左右張開，與偏重的上肢平衡。腳踏小圓板，板中有孔，用於固定造像。

98

觀音菩薩立像
11—12世紀
西藏
黃銅　高20.2厘米
清宮舊藏

Standing statue of Avalokitesvara
11th–12th Century
Tibet
Brass
Height: 20.2cm
Qing Court collection

觀音菩薩面相清秀，頭戴化佛寶冠，髮辮覆肩。袒上身，體形修長，腹部刻畫生動。肩披羊皮，飾瓔珞、項圈、臂釧，腰束刻花短裙。右臂抬起，手施無畏印，左手持蓮枝，立於覆蓮座上。

此造像銅質黑紅光潤，工藝精細，外形及裝飾細部摹仿克什米爾造像，但姿態僵硬，缺少克什米爾造像肌腱發達、粗壯有力的特色。

99

手持金剛立像
11—12世紀
西藏
黃銅　高11.7厘米
清宮舊藏

Standing statue of Vajradhara
11th–12th Century
Tibet
Brass
Height: 11.7cm
Qing Court collection

金剛三目圓睜，絡腮鬍鬚，神態威猛，呈忿怒相。身形粗壯，大腹。袒上身，纏繞一大蛇，在右腋下刻出蛇頭，腰下束虎皮短裙。右手高舉金剛杵，左手結降魔印，展左立，右腿弓，左腿蹬。下承仰覆蓮座，蓮瓣形式簡約，束腰處飾聯珠紋。

100

不動金剛立像
11—12世紀
西藏
黃銅　高22厘米
清宮舊藏

Standing statue of Acala
11th–12th Century
Tibet
Brass
Height: 22cm
Qing Court collection

不動金剛面相方圓，雙目圓睜，火燄眉，赤髮紅鬚，呈忿怒相。髮髻扁圓，正中為坐姿化佛。髮際、肩、胸、腳等部位均有蛇纏繞。身形粗壯，大腹，是不動金剛的特徵。右手上舉持利劍，左手持蛇。展左立，雙腳踏魔神。下承仰覆蓮座，蓮瓣寬扁，瓣尖微翹，上沿飾聯珠紋。

此造像象徵以智慧利劍斷除種種纏縛，降伏種種魔障，助人覺悟，提升心智。

101

不動金剛立像
12世紀
西藏
黃銅　高11.3厘米
清宮舊藏

Standing statue of Acala
12th Century
Tibet
Brass
Height: 11.3cm
Qing Court collection

不動金剛三目圓睜，呲牙大吼，嘴唇嵌紅銅，呈忿怒相。身形粗壯，大腹，袒上身，胸前鑲嵌銀項鏈、聖綫，腰束虎皮短裙，裙面鑲嵌菱形、圓形銀片和紅銅片，並鏨刻花點。右手高舉短劍，左手結期克印，展左立，雙腿短粗有力，腳踏二魔神。下承仰覆蓮座。

黃條："大利益番銅舊琍瑪不動金剛……（殘）二十六年（1761）十二月初九日收"。

102

釋迦牟尼佛坐像
11—12世紀
西藏
黃銅　高13.5厘米
清宮舊藏

Seated statue of Sakyamuni
11th–12th Century
Tibet
Brass
Height: 13.5cm
Qing Court collection

釋迦佛面相飽滿，安詳親切。螺髮肉髻，身着通肩袈裟，為馬土臘式“U”字形衣紋，凹溝表現衣褶，自然流暢。右手結與願印，左手握衣角，垂腳坐，下承方形光素高台座，座前為圓形覆蓮座。頭光與身光套連，邊緣刻火燄紋。

此造像是仿克什米爾風格的西藏造像。

103

觀音菩薩立像

11—12世紀
西藏
黃銅　高37.2厘米
清宮舊藏

Standing statue of Avalokitesvara
11th–12th Century
Tibet
Brass
Height: 37.2cm
Qing Court collection

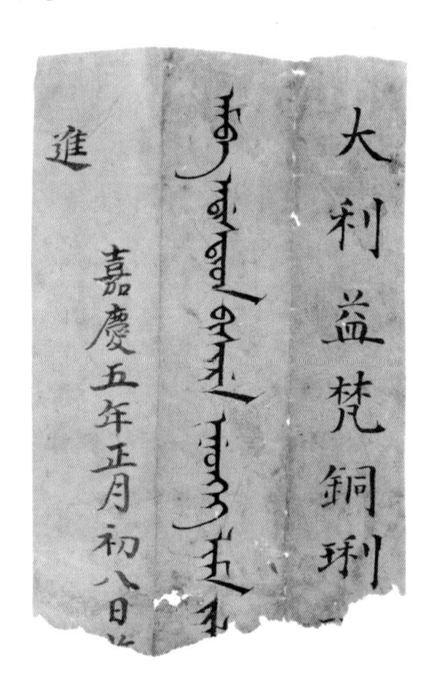

觀音菩薩戴化佛寶冠，袒上身，項垂大花環，肩披羊皮，斜掛聖綫，腰下束裙。右手施無畏印，左手持蓮枝，左腿跨出半步站立。下承覆蓮座，座下為束腰雙獅方台，鏤刻力士、雙獅，工藝簡略。背光鏤空刻寬火燄紋，頂飾寶塔長幡。

此造像有着鮮明的克什米爾造像特點。

104

阿彌陀佛立像
11—12世紀
西藏
黃銅　高31厘米
清宮舊藏

Standing statue of Amitabha
11th–12th Century
Tibet
Brass
Height: 31cm
Qing Court collection

阿彌陀佛面容深沉，寬額，雙目細長彎曲，呈俯視狀。螺髮高髻，身形健壯，姿態優美，大袍緊貼肌膚，刻"U"字形衣紋，下垂多摺的衣褶加強了衣服的厚重感。右手結與願印，左手握衣角，立於覆蓮座上，座下承方台。

黃條："利益番銅琍瑪接引佛　乾隆五十九年（1794）正月初三日收　達賴喇嘛進"。

105

文殊菩薩坐像
12世紀
西藏
黃銅　高14厘米
清宮舊藏

Seated statue of Manjusri
12th Century
Tibet
Brass
Height: 14cm
Qing Court collection

文殊菩薩面相豐圓，雙眼細瞇，嘴角含笑。頭戴三葉寶冠，髮髻高聳，袒上身，佩飾項鏈、臂釧，聖綫從左肩彎曲垂下。右手結與願印，左手持蓮枝，蓮花上托梵篋，全跏趺坐。下承雙層覆蓮座，蓮瓣扁寬，兩座之間立有蓮枝。身後飾鏤空桃形素面背光，造型別致。

黃條："大利益番銅舊琍瑪……(殘)"。

106

彌勒菩薩立像
12世紀
西藏
黃銅泥金　高35.5厘米
清宮舊藏

Standing statue of Maitreya
12th Century
Tibet
Gold-overlaid brass
Height: 35.5cm
Qing Court collection

彌勒菩薩面相長圓，細目微垂，嘴角上翹，面帶笑容。噶當塔式高髮髻，髻頂為蓮花結，耳邊繒帶紮成扇形大花結。袒上身，身形豐滿，右手施無畏印，左手下垂持蓮枝。蓮花上托軍持，為彌勒菩薩之標識。腰束刻花長裙，三折扭身姿，下承覆蓮座。

黃條："大利益梵銅琍瑪彌勒菩薩二十七年(1762)十二月二十一日收扎木楊胡……（殘）進"。

107

不動金剛立像
12世紀
西藏
黃銅　高12厘米
清宮舊藏

Standing statue of Acala
12th Century
Tibet
Brass
Height: 12cm
Qing Court collection

不動金剛火燄眉，呲牙怒目，呈忿怒相。戴五葉冠，赤髮豎立呈扇形，身形粗壯，大腹，袒上身，項掛珠鏈，胸纏蛇，臂繞帛帶，腰束虎皮短裙。右手舉劍，左手持蛇，腳腕纏蛇，展左立，腳下踏人。下承仰覆蓮座，蓮瓣交錯，下邊菱形紋飾間鏤空，較少見。

黃條："大利益梵銅琍瑪不動金剛二十五年（1760）十二月二十七日收……（殘）"。

108

不動金剛立像
12世紀
西藏
黃銅　高13厘米
清宮舊藏

Standing statue of Acala
12th Century
Tibet
Brass
Height: 13cm
Qing Court collection

不動金剛橫眉怒目，威風凜凜，呈忿怒相。束高髻，身形粗壯，袒上身。右臂高舉，手持利劍；左手持金剛索，金剛索在臂上纏繞成圓環形。身體下蹲，左腿曲跪，作即將躍起戰鬥的姿勢，動感強烈。下承仰覆蓮座。

109

摧碎金剛坐像
12世紀
西藏
銀　高21.8厘米
清宮舊藏

Seated statue of Vajravidarna
12th Century
Tibet
Silver
Height: 21.8cm
Qing Court collection

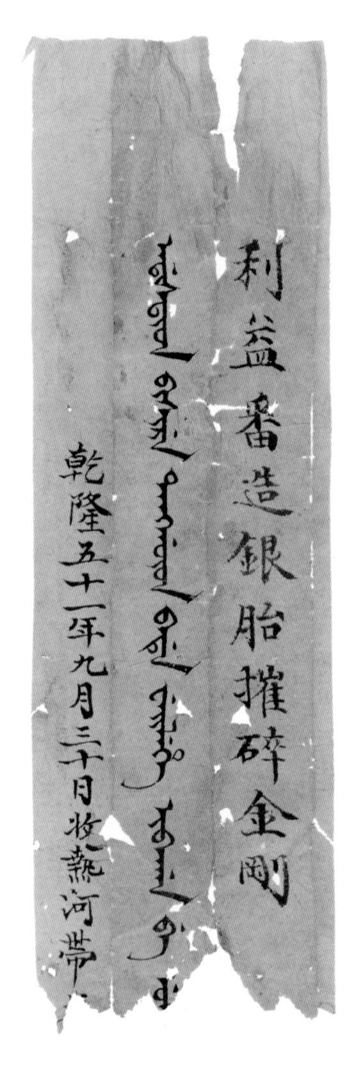

摧碎金剛為女身，面相清秀。頭戴三葉寶冠，豐乳細腰，飾金項鏈，帛帶在頭後身側翻捲。雙手持十字金剛杵，右手高舉頭頂，全跏趺坐，姿態優雅。仰覆蓮座下承鏤空方台，四角立圓柱，正中雕金翅鳥。身後飾鏤空忍冬紋背光。

此造像主要吸收了克什米爾造像的因素，但作了大量的改進。與不空成就佛(圖30)的造型基本一致，很可能是它的仿品。

黃條：“利益番造銀胎摧碎金剛　乾隆五十一年(1786)九月三十日收　熱河帶來”。

110

金剛勇識菩薩坐像
12世紀
西藏
黃銅　高30厘米
清宮舊藏

Seated statue of Vajrasattva
12th Century
Tibet
Brass
Height: 30cm
Qing Court collection

金剛勇識菩薩面相方圓，眉間有菱形白毫。頭戴五葉寶冠，身形強壯，肩披帛帶，繞臂下垂，腰束虎皮短裙。右手持金剛杵，左手持金剛鈴。全跏趺坐於仰覆蓮座上，下承鏤空雙象方台。鏤空聯珠火燄紋背光，頂部雕圓形傘蓋，傘上立覆缽式小塔，頭光為大蓮花。近肩部兩側雕鸚鵡啣珠。

黃條："大利益番銅舊琍瑪金剛勇識……（殘）二十八年（1763）十月初九日收　劉保進"。

111

綠度母坐像
12世紀
西藏
銅鎏金　高12厘米
清宮舊藏

Seated statue of Green Tara
12th Century
Tibet
Gilt copper
Height: 12cm
Qing Court collection

綠度母頭戴三葉冠，大眼小嘴，面相俊美。身形豐滿，下衣垂順，身佩環、釧、項鏈、瓔珞等飾物。右手結與願印，並持蓮花，左手於胸前持蓮花。右舒坐，姿態優雅。下承花枝式仰覆蓮座，座兩側各雕一龍女托舉蓮瓣。

黃條："大利益梵銅琍瑪綠救度佛母　三十年(1765)十二月二十四日收　章嘉胡……(殘)進"。

112

綠度母坐像
12世紀
西藏
黃銅　高12.7厘米
清宮舊藏

Seated statue of Green Tara
12th Century
Tibet
Brass
Height: 12.7cm
Qing Court collection

綠度母面容豐滿，雙目細長有神。頭頂飾珠寶、瓔珞，身飾項圈、胸鏈、臂釧、多重手鐲，沒有印度造像常見的聖綫，下裙刻雙綫紋和圓花點。右手結與願印，左手持蓮枝。右舒坐，腳踏蓮花。身兩側簇擁着兩枝蓮花蔓，花枝粗壯，彎曲盤繞，與身後座面連鑄。下承仰覆蓮座。

113

綠度母坐像
12世紀
西藏
黃銅　高9.4厘米
清宮舊藏

Seated statue of Green Tara
12th Century
Tibet
Brass
Height: 9.4cm
Qing Court collection

綠度母長眉大眼，直鼻小口，面相俊美。濃髮披於右肩，髮髻上飾摩尼寶式花結、耳邊的扇形花結、飄舉的繒帶以及大耳環等佩飾優美和諧。身形豐滿，姿態優雅，雙手結說法印，兩邊配以彎轉的蓮花蔓，下承仰覆蓮座，蓮瓣寬扁外翹，座底邊緣為一周碩大的聯珠。

此造像無論從局部還是從整體上看，均比例適度，和諧優美。

114

四臂觀音菩薩坐像
12世紀
西藏
黃銅　高21.7厘米
清宮舊藏

Seated statue of Four-armed Avalokitesvara
12th Century
Tibet
Brass
Height: 21.7cm
Qing Court collection

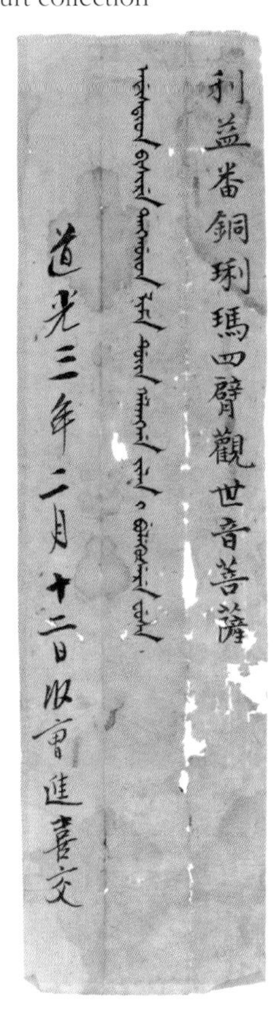

觀音菩薩面容豐滿英俊，戴三葉寶冠，高扁髮髻，繒帶突出，橫於耳後。身飾項圈、臂釧、多重手鐲，前胸陰綫刻斜披帛帶。胸前雙手結合掌印，後二臂彎曲，手持唸珠、蓮花，全跏趺坐，下承束腰仰覆蓮座。

黃條：“利益番銅琍瑪四臂觀世音菩薩　道光三年 (1823) 二月十二日收曹進喜交”。

115

金剛亥母立像

12世紀
西藏
黃銅　高19.5厘米
清宮舊藏

Standing statue of Vajravarahi
12th Century
Tibet
Brass
Height: 19.5cm
Qing Court collection

亥母赤髮上揚，三目圓睜，頭戴骷髏冠，裸身形，項掛人頭大瓔珞。右手持鉞刀，左手托噶布拉血碗，夾骷髏天杖。右腿蜷起，左腿彎曲獨立，呈舞立姿，腳下踏人，動感頗強。忍冬紋背光和台座皆仿帕拉造像形式。蓮座右側雕粗壯的蓮枝托住右腿。

金剛亥母是藏傳佛教密宗的女護法神，因化身為豬形，故稱亥母，多頭中有一豬頭是其形象特徵。

116

金剛空行立像

12世紀
西藏
黃銅　高18.5厘米
清宮舊藏

Standing statue of Vajradaka

12th Century
Tibet
Brass
Height: 18.5cm
Qing Court collection

金剛空行寬眉突目，赤髮高髻，頭戴骷髏冠。袒上身，佩飾瓔珞。右手側舉持鼓，左手托缽，臂彎處攏一骷髏杖。單腿舞立姿，腳下踏人，下承仰覆蓮座，蓮瓣寬扁呆板。腰帶飄垂蓮座，支撐和裝飾作用巧妙統一。

金剛空行是藏傳佛教密宗護法神。

117

喜金剛曼荼羅

12—13世紀
西藏
黃銅　高22厘米
清宮舊藏

Hevajra mandala
12th–13th Century
Tibet
Brass
Height: 22cm
Qing Court collection

曼荼羅上部呈蓮花式，蓮花分八瓣，可開合。每片花瓣內側鑄有一尊忿怒相的明妃，皆豐乳束腰，右手持鉞刀，左手托噶布拉血碗，單腿舞立，拱衛居於中央的主尊喜金剛。喜金剛赤髮金面，印度臉形，高鼻大眼，豐頰厚肩。四足十六臂，兩主臂擁抱明妃，餘手各持法器，展立於蓮台上，帶有帕拉風格的遺韻。花下承蓮枝，立於覆缽形底座上。

喜金剛為藏密本尊，五大金剛之一，是無上瑜伽部主尊，又稱歡喜金剛、呼金剛、飲血金剛，薩加派尤重此尊。

118

本生上樂金剛立像
12—13世紀
西藏
黃銅泥金　高17厘米
清宮舊藏

Standing statue of Prototypical Shamvara
12th–13th Century
Tibet
Gold-overlaid brass
Height: 17cm
Qing Court collection

本生上樂金剛三目圓睜，呈忿怒相。頭戴五骷髏冠，雙臂擁抱明妃金剛亥母，雙手於亥母腰際交叉持鈴、杵。二像均裸身形，項掛骷髏大瓔珞。上樂金剛為展右立，左腿弓，右腿蹬，雙腳踏人。下承覆蓮座，蓮瓣寬扁，蓮珠細密。忍冬紋背光承襲帕拉遺風。

黃條："大利益番銅舊琍瑪本生上樂王佛　乾隆五十四年(1789)九月二十七日收　熱河帶來……（殘）進"。

119

不動金剛立像
13世紀
西藏
黃銅　高15.7厘米
清宮舊藏

Standing statue of Acala
13th Century
Tibet
Brass
Height: 15.7cm
Qing Court collection

不動金剛呲牙怒目，呈忿怒相。身形粗壯，大腹，肩披帛帶，腰束虎皮短裙。右手舉劍，橫於頭後，左手持索繩。腳踏象頭神，一條寬帛在身側翻捲。下承覆蓮座，上下沿飾聯珠紋。身後飾鏤空火燄紋背光，火燄邊寬大齊整，頂部有摩尼寶珠，工藝圓熟。

黃條："大利益番銅舊琍瑪……（殘）二十六年（1761）十二月初九日收……（殘）"。

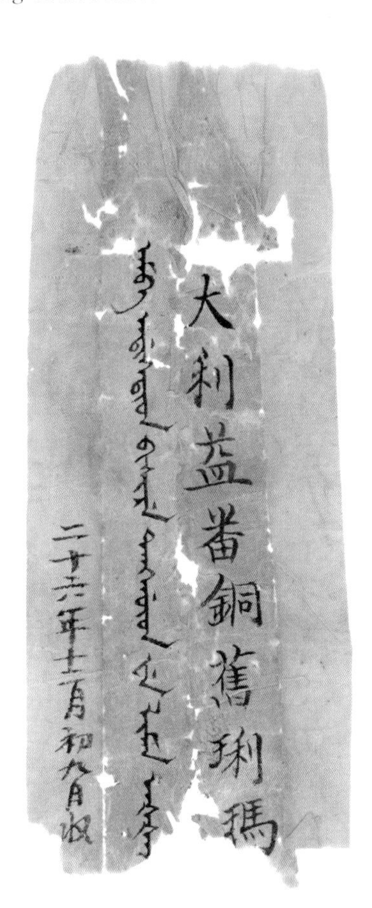

120

手持金剛立像
13世紀
西藏
黃銅　高17厘米
清宮舊藏

Standing statue of Vajradhara
13th Century
Tibet
Brass
Height: 17cm
Qing Court collection

金剛三目圓睜，大耳垂肩，赤髮紅鬚，呈忿怒相。髮髻頂飾金剛杵，頭前盤繞一蛇。身形粗壯，大腹，袒上身，胸前斜盤一蛇。右臂直伸，手持金剛杵，左手結期克印。下着虎皮短裙，腰帶從兩腿間垂下與座面相聯。下承仰覆蓮座。

此造像銅色黝黑，風格古樸粗獷。

黃條：“大利益番銅舊琍瑪手持金剛　乾隆四十五年（1780）十二月二十五日收　恆瑞進”。

121

手持金剛立像
13—14世紀
西藏
黃銅　高13厘米
清宮舊藏

Standing statue of Vajradhara
13th–14th Century
Tibet
Brass
Height: 13cm
Qing Court collection

金剛怒目圓睜，火燄眉連成弓形，呈忿怒相。戴五葉寶冠，赤髮紅鬚，身形粗壯，大腹，冠葉及大耳環、項鏈、臂釧、手鐲上均嵌松石、料石。右手持杵，左手持鈴，腰束虎皮裙。展左立，右腿弓，左腿蹬，腳踏扭成繩狀的蛇身人面魔。下承仰覆蓮座，蓮瓣寬扁平實。

黃條："大利益番銅舊琍……（殘）乾隆四十八年（1783）正月……（殘）進"。

122

獅吼觀音菩薩坐像

12—13世紀
西藏
黃銅　高20厘米
清宮舊藏

Seated statue of spyan-ras-gzigs-seng-ge-sgra

12th–13th Century
Tibet
Brass
Height: 20cm
Qing Court collection

觀音菩薩雙目微合，面相莊嚴慈祥。頭戴三葉寶冠，束噶當塔式高髻，繒帶上飄。袒上身，雙手結説法印，身兩側雕粗壯的蓮枝，一側蓮花上托梵篋。右舒坐於獅子背上，獅子回首怒吼，姿態生動，下承仰覆圓蓮座。

黃條："大利益番銅舊琍瑪獅吼觀音菩薩　嘉慶四年（1799）八月十八日收　達賴喇嘛進"。

123

觀音菩薩立像
13世紀
西藏
黃銅　高35厘米
清宮舊藏

Standing statue of Avalokitesvara
13th Century
Tibet
Brass
Height: 35cm
Qing Court collection

觀音菩薩彎眉長目，微露笑容。戴三葉寶冠，高髮髻中有化佛，繒帶上飄，耳環垂肩。袒上身，寬肩細腰，項飾嵌松石、紅寶石。雙手各持一蓮枝。腰束長裙，衣薄貼體，遍刻梅花紋，雙腿間有一斜紮帛帶，姿態閒適。下承小仰覆蓮座，蓮瓣寬厚豐滿，瓣尖微翹。

124

觀音菩薩坐像
13世紀
西藏
黃銅泥金　高22厘米
清宮舊藏

Seated statue of Avalokitesvara
13th Century
Tibet
Gold-overlaid brass
Height: 22cm
Qing Court collection

觀音菩薩頭戴五葉寶冠，上嵌珊瑚、松石，繒帶與冠葉間有細綫相連，為元代塑像特點。髮梢披肩，下墜大耳環。通體不刻衣褶，只在腹部陰刻一條凹綫。右手結與願印，左手結撥濟眾生印，雙臂肘彎部各出一蓮枝，彎轉上舉。右舒坐，腳踏蓮花。下承仰覆蓮座。

125

彌勒佛坐像
13世紀
西藏
黃銅　高18.8厘米
清宮舊藏

Seated statue of Maitreya
13th Century
Tibet
Brass
Height: 18.8cm
Qing Court collection

彌勒佛高束髮髻，正中飾小塔。身着袒右袈裟，胸垂長聖綫，雙手結印，身兩側雕蓮花，枝葉婀娜多姿，左側蓮花上托淨瓶。腰與膝間斜紮襌帶，上刻細密花紋。右舒坐，腳踏小朵蓮花，下承仰覆蓮座。製作工藝精細。

黃條："大利益番銅舊琍瑪彌勒佛　乾隆五十八年（1793）八月二十六日收　熱河帶來"。

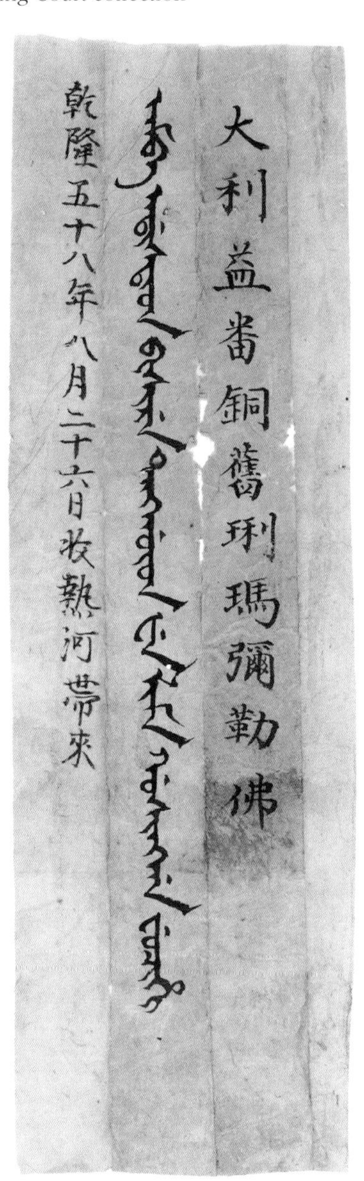

126

彌勒菩薩坐像
13世紀
西藏
黃銅　高20.7厘米
清宮舊藏

Seated statue of Maitreya
13th Century
Tibet
Brass
Height: 20.7cm
Qing Court collection

彌勒面相豐潤，眉間白毫嵌銀，高髮髻，辮髮垂肩，頭頂立小塔。着袒右袈裟，裙上嵌銀花。手持蓮枝，身兩側雕茁壯的蓮花，左側蓮蕊中有淨瓶。右舒坐於覆蓮座上，下承束腰三足圓台，形式獨特。身後飾忍冬紋背光。

黃條："大利益桑唐琍瑪彌勒菩薩乾隆三十一年 (1766) 十月十二日收阿嘉胡土克圖進"。

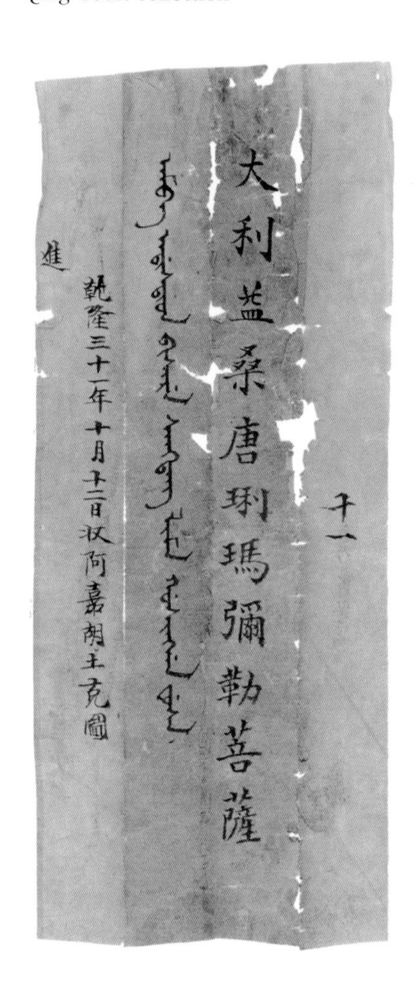
十一
大利益桑唐琍瑪彌勒菩薩
乾隆三十一年十月十二日收阿嘉胡土克圖
進

127

四臂觀音菩薩坐像

12—13世紀
西藏
黃銅　高29厘米
清宮舊藏

Seated statue of Four-armed Avalokitesvara

12th–13th Century
Tibet
Brass
Height: 29cm
Qing Court collection

觀音菩薩頭戴三葉花冠，束葫蘆形髮髻，繒帶於耳後呈菊瓣形。頭大身細，造型稚拙。胸前雙手結合掌印，身後兩手各持一枝蓮花，全跏趺坐。下承仰覆蓮座，座下邊浮雕纏枝蓮花紋。

黃條：“大利益梵銅琍瑪四臂觀世音菩薩　乾隆五十五年（1790）八月十七日收　奏事太監交番子等進”。

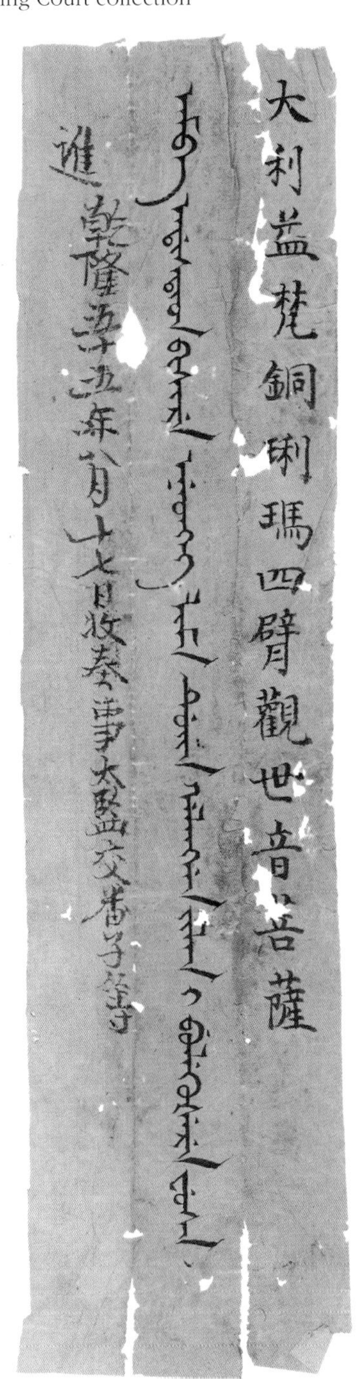
大利益梵銅琍瑪四臂觀世音菩薩
乾隆五十五年八月十七日收奏事太監交番子等
進

128

四臂觀音菩薩坐像
13世紀
西藏
黃銅泥金　高17厘米
清宮舊藏

Seated statue of Four-armed Avalokitesvara
13th Century
Tibet
Gold-overlaid brass
Height: 17cm
Qing Court collection

觀音菩薩雙目微睇，略帶笑容。頭戴五葉寶冠，冠花、耳飾、項鏈均嵌紅料石，瓔珞、裙邊等飾以紅銅。胸前雙手結合掌印，身後二臂，右手持唸珠，左手持蓮花，臂肘飄出帛帶，為元代造像特點。全跏趺坐，下承仰覆蓮座，座上沿飾聯珠紋一周，大圓蓮瓣。

黃條："大利益桑唐琍瑪四臂觀世音菩薩　乾隆五十一年(1786)十月二十八日收　達賴喇嘛進"。

129

四臂觀音菩薩坐像
13—14世紀
西藏
黃銅泥金　高19厘米
清宮舊藏

Seated statue of Four-armed Avalokitesvara
13th–14th Century
Tibet
Gold-overlaid brass
Height: 19cm
Qing Court collection

觀音菩薩雙目俯視，表情靜穆。頭戴五葉寶冠，束高髻，冠葉飾獸面紋，間有珠鏈連接，工藝精美。胸前雙手結合掌印，後二臂右手持唸珠，左手結印，全跏趺坐。下承仰覆蓮座，大蓮瓣。

此造像耳環、花飾、帛帶等佩飾均具有典型的元代造像風格。

黃條："大利益梵銅琍瑪四臂觀世音菩薩　乾隆四十八年（1783）十一月十四日收　公扎什那木扎爾進"。

130

金剛亥母立像
13世紀
西藏
黃銅　高26厘米
清宮舊藏

Standing statue of Vajravarahi
13th Century
Tibet
Brass
Height: 26cm
Qing Court collection

金剛亥母怒目圓睜，面相猙獰。頭戴骷髏冠，頂飾彎月十字杵，裸身形，身掛人頭大瓔珞，胸佩十字交叉珠鏈，腰下垂飾瓔珞。右手上舉，持金剛杵，左手持噶布拉血碗。單腿舞立姿，左腳踏人，屈起的右腿下立一捲翅鳳鳥。卜承覆蓮座。

黃條：“大利益梵銅琍瑪陰體金剛亥母　乾隆五十年(1785)十二月二十四日收　章嘉胡土克圖進”。

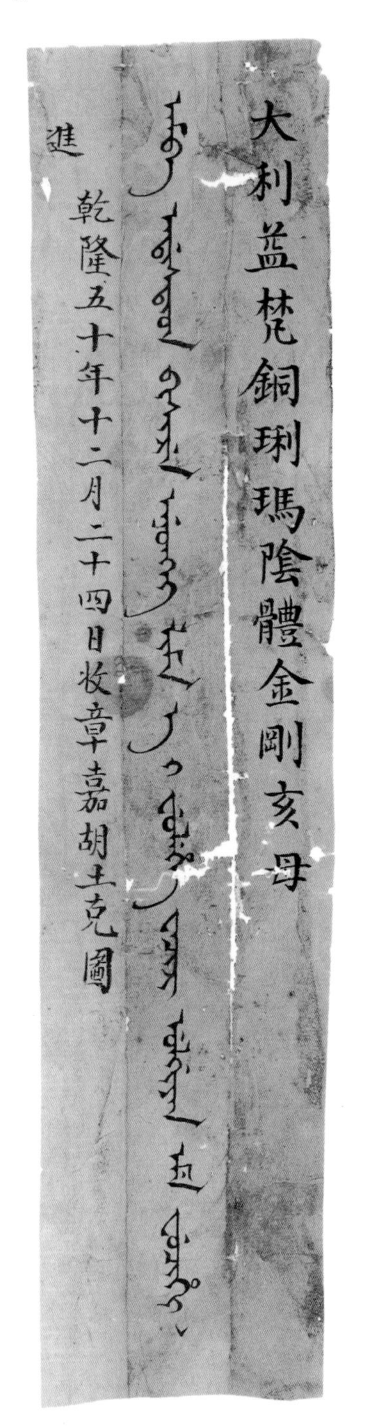
大利益梵銅琍瑪陰體金剛亥母
乾隆五十年十二月二十四日收章嘉胡土克圖
進

131

毗盧佛坐像
13世紀
西藏
黃銅　高36厘米
清宮舊藏

Seated statue of Vairocana
13th Century
Tibet
Brass
Height: 36cm
Qing Court collection

毗盧佛面相慈悲安詳，白毫嵌金。頭戴五葉花冠，冠葉上有綫相連。袒上身，胸前瓔珞嵌銀、紅銅、綠松石。手結智拳印，腰束薄裙，陰綫刻花紋，不雕衣褶。全跏趺坐，下承仰覆蓮座，蓮瓣圓鼓。造型典雅，綫條流暢，工藝精良。

132

四臂觀音菩薩坐像

13世紀
西藏
黃銅　高28.2厘米
清宮舊藏

Seated statue of Four-armed Avalokitesvara

13th Century
Tibet
Brass
Height: 28.2cm
Qing Court collection

觀音菩薩面相溫和，頭戴鏤空五葉花冠，冠葉間用細綫相連，繒帶彎曲上飄。袒上身，胸前滿飾花葉形珠寶瓔珞。身前雙手結合掌印，身後二手結印、拈珠。腰束裙，薄衣貼體，不刻衣紋，只在長裙裙裾處嵌紅銅綫、刻花邊，裝飾華麗，製作精美。全跏趺坐，下承仰覆蓮座。

黃條：“大利益桑唐琍瑪四臂觀世音菩薩　乾隆五十八年(1793)八月二十六日收　熱河帶來”。

大利益桑唐琍瑪四臂觀世音菩薩
乾隆五十八年八月二十六日收熱河帶來

133

不空成就佛坐像
13世紀
西藏
黃銅　高29厘米
清宮舊藏

Seated statue of Amoghasiddhi
13th Century
Tibet
Brass
Height: 29cm
Qing Court collection

不空成就佛神態安詳，眉間白毫凸起。頭戴五葉寶冠，繒帶上飄，髮髻高大。袒上身，右手施無畏印，左手結禪定印，全跏趺坐。身兩旁裝飾對稱的兩枝蓮蕾，枝條粗壯，彎曲傾向佛頭，構成近似背光的裝飾效果。下承仰覆蓮座，蓮瓣圓鼓，底邊一周飾大聯珠，座後部為圓弧形，光滑無蓮瓣。

134

綠度母坐像
13世紀
西藏
黃銅　高22.5厘米
清宮舊藏

Seated statue of Green Tara
13th Century
Tibet
Brass
Height: 22.5cm
Qing Court collection

綠度母面相溫婉秀麗，兩眼嵌銀。頭戴花冠，冠前垂珠。豐乳細腰，身姿柔美，佩飾項圈、瓔珞、臂釧，腰束長裙，上陰綫刻八寶紋及纏枝蓮紋。右手結與願印，左手持蓮枝，右舒坐，下承仰覆蓮座。雕塑技法圓熟流暢。

135

綠度母坐像
14世紀
西藏
黃銅泥金　高17厘米
清宮舊藏

Seated statue of Green Tara
14th Century
Tibet
Gold-overlaid brass
Height: 17cm
Qing Court collection

綠度母修眉廣目，貌若處子。頭戴寶冠，袒上身，豐乳細腰，上體微傾，斜披帛帶，周身佩飾華麗，項圈、瓔珞、臂釧皆嵌珠石。右手結與願印，左手結撥濟眾生印於胸前，身兩側飾蓮花蔓。腰束長裙，右擺垂蓮座上，右舒坐，下承仰覆蓮座，座上下均飾聯珠紋。

136

釋迦牟尼佛坐像
13世紀
西藏
黃銅　高11.7厘米
清宮舊藏

Seated statue of Sakyamuni
13th Century
Tibet
Brass
Height: 11.7cm
Qing Court collection

釋迦佛雙目低垂，表情慈祥。螺髮肉髻，身着袒右袈裟，薄衣貼體，通體不刻衣褶。右手結觸地印，左手結禪定印，全跏趺坐於雕花方墊上。下承折角方台，台下中間雕象，兩側雕雙獅護衛。座後立龍首靠背，兩側雕象、獅、天鵝，背光邊緣刻火燄紋，頂部雕菩提樹形傘蓋，上立佛塔。

黃條："大利益番銅舊琍瑪釋迦牟尼佛　嘉慶四年（1799）三月二十七日收　如意龕內換下"。

137

釋迦牟尼佛坐像
13世紀
西藏
黃銅　高24.8厘米
清宮舊藏

Seated statue of Sakyamuni
13th Century
Tibet
Brass
Height: 24.8cm
Qing Court collection

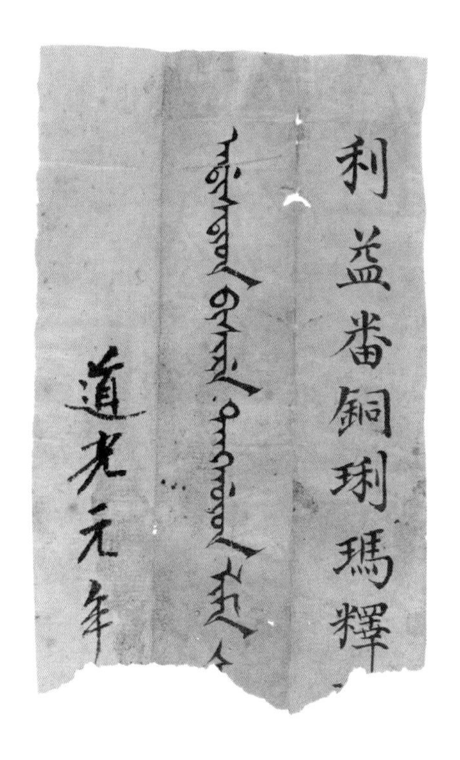

釋迦佛神態祥和莊嚴，面帶微笑，眉間白毫凸起。螺髮高髻，髮際齊平，大耳下端呈方形。身形健壯，臂膀渾圓，着袒右袈裟。左手結禪定印，右手結觸地降魔印，全跏趺坐。下承仰覆蓮座。

138

彌勒佛坐像
13—14世紀
西藏
黃銅　高21.3厘米
清宮舊藏

Seated statue of Maitreya
13th–14th Century
Tibet
Brass
Height: 21.3cm
Qing Court collection

彌勒佛面相長圓，雙目俯視，神態祥和。螺髮高髻，身着袒右袈裟，衣緣裙裾處嵌紅銅綴珠邊飾，只在肩頭、座面上刻出裝飾性衣褶。右手結觸地降魔印，左手結禪定印，全跏趺坐。身側兩枝對稱蓮枝，彎曲傾向佛頭。下承仰覆蓮座。

黃條："大利益桑唐琍瑪彌勒佛　五十一年（1786）十一月初六日收　堪布大歲本……（殘）"。

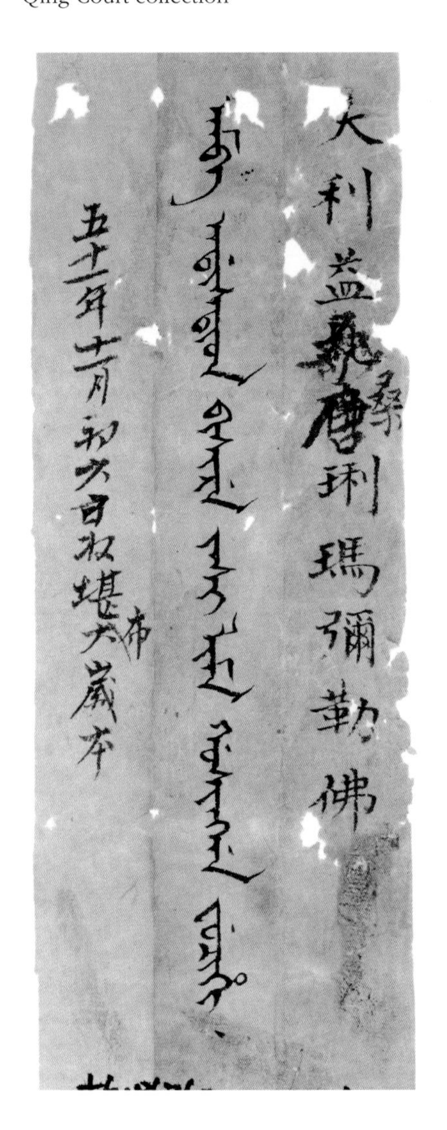

139

釋迦牟尼佛坐像
14—15世紀
西藏
黃銅鎏金　高35.7厘米
清宮舊藏

Seated statue of Sakyamuni
14th–15th Century
Tibet
Gilt brass
Height. 35.7cm
Qing Court collection

釋迦佛彎眉長目，細鼻小口，眉間白毫嵌松石，為童子相。頭戴五葉寶冠，螺髮高髻，具有藏南地區薩迦寺造像風格。身形健壯，臂膀渾圓，着袒右袈裟，用凸起的聯珠綫分出袈裟的田相格。右手觸地結降魔印，左手結禪定印，全跏趺坐。下承仰覆蓮座，蓮瓣細長緊密，座後部不刻蓮瓣。

140

阿彌陀佛坐像
14世紀
西藏
黃銅泥金　高18厘米
清宮舊藏

Seated statue of Amitabha
14th Century
Tibet
Gold-overlaid brass
Height: 18cm
Qing Court collection

阿彌陀佛面相莊嚴。螺髮高髻，雙耳垂肩，身形飽滿圓潤，細腰厚背，着袒右袈裟，薄衣貼體。雙手交疊腹前，結禪定印，上托寶瓶，全跏趺坐。下承仰覆蓮座，上沿飾聯珠紋，蓮瓣狹長而豐盈，瓣尖微微捲曲，應是受到明代宮廷造像的影響。

黃條：“利益番造……（殘）嘉慶十八年（1813）十二月初……（殘）”。

141

無量壽佛坐像
14世紀
西藏
黃銅　高24厘米
清宮舊藏

Seated statue of Amitabha
14th Century
Tibet
Brass
Height: 24cm
Qing Court collection

無量壽佛修眉朗目，直鼻小口，貌若童子而不失莊嚴之相。頭戴捲草紋高葉寶冠，着菩薩裝，臂釧飾捲草紋，造型別致。雙手結禪定印，上托鎏金寶瓶，瓶為後世所配。身後披帛帶，全跏趺坐。下承仰覆蓮座。

此造像是對早期藏西造像傳統工藝的繼承，雙層闊瓣蓮座保留着元代藏西造像的遺風，只是蓮瓣已由飽滿而變為平扁，反映出造像的時代特徵。

黃條：“哲布尊丹巴胡土克圖進鍍金琍瑪佛一尊”。

142

藥師佛坐像
14世紀
西藏
黃銅　高30.5厘米
清宮舊藏

Seated statue of Buddha of Medicine
14th Century
Tibet
Brass
Height: 30.5cm
Qing Court collection

藥師佛面相莊嚴，束高髮髻，頂飾摩尼寶。戴五葉寶冠，身姿挺拔，着袒右袈裟，衣紋凸起，自然流暢。右手持果，左手托藥缽，全跏趺坐。下承仰覆蓮座。

此造像吸收了漢地佛教藝術的技法。

藥師佛，全稱藥師琉璃光如來，亦稱大醫王佛，是東方淨琉璃世界的教主。

143

上樂金剛立像
14世紀
西藏
黃銅　高16厘米
清宮舊藏

Standing statue of Samvara
14th Century
Tibet
Brass
Height: 16cm
Qing Court collection

上樂金剛四面十二臂，面部泥金，藍髮，面相威猛。頭戴骷髏冠，髮髻高聳，上飾月牙、十字杵。裸身形，身披瓔珞，兩主臂擁抱明妃金剛亥母，其餘各手分持法器，有的法器已佚。展立姿，腳下踏裸身形男女魔，下承覆蓮座，蓮瓣扁平寬闊。

此造像造型生動，金剛表情威而不惡，與明妃相擁而視，令觀者感受到慈愛與勝樂在眼神間的交流，富有藝術感染力。

144

毗盧佛坐像
13—14世紀
西藏
黃銅　高15厘米
清宮舊藏

Seated statue of Vairacana
13th–14th Century
Tibet
Brass
Height: 15cm
Qing Court collection

毗盧佛面部塗金，眉目與雙脣的曲綫刻畫出慈祥靜謐的神情。頭戴五葉寶冠，髮髻高聳，頂飾摩尼寶珠。寬肩細腰，身着通肩袈裟，薄衣貼體，掛項珠，衣紋處理簡單。雙手結智拳印，全跏趺坐。下承仰覆蓮座，座下有折角方台，束腰處飾十字杵及雙獅。此造像工藝洗練簡潔，生動傳神，反映出元代至明初噶當造像的風格與成就。

黃條：“大利益嘎克達穆琍瑪毗盧佛　乾隆二十六年（1761）正月初十日”。

145

毗盧佛坐像
14—15世紀
西藏
黃銅　高32.7厘米
清宮舊藏

Seated statue of Vairocana
14th–15th Century
Tibet
Brass
Height: 32.7cm
Qing Court collection

毗盧佛面相端莊祥和。寶冠高聳，上嵌珊瑚、松石，束髮繒帶與穿耳的帛帶連結在一起，在耳邊翻捲盤繞，又與圍繞身體兩側的帛帶連接，劃出有力的弧綫，靜態中增加了動感。身形強健，身飾項鏈、瓔珞、臂釧，腰束裙，無衣褶，只在裙邊刻簡潔的捲草紋。雙手結智拳印，手指間夾一精緻小法輪，全跏趺坐。下承仰覆蓮座。

146

降閻魔尊立像
14—15世紀
西藏
紅銅　高16厘米
清宮舊藏

Standing statue of Yamantaka
14th–15th Century
Tibet
Copper
Height: 16cm
Qing Court collection

降閻魔尊水牛首人身，頭戴骷髏冠，裸身形，前胸掛人頭大瓔珞，右手舉人骨棒，左手持金剛索，腳踏水牛背，表示其為降魔閻王，水牛下鎮壓着作惡者。閻王的明妃在身後側立，赤身披鹿皮，左手持噶布拉血碗，表示對降閻魔尊的馴服與奉獻。

降閻魔尊是藏傳佛教護法神，又稱獄帝主、法王、閻王，有多種變相，分為內修、外修、密修三身形。此造像為外修閻王，亦稱憤怒閻王、雄威法帝護法，居北方。

147

不動佛坐像
14—15世紀
西藏
黃銅　高24厘米
清宮舊藏

Seated statue of Acala
14th–15th Century
Tibet
Brass
Height: 24cm
Qing Court collection

不動佛面相靜穆，雙目低垂。頭戴五葉冠，髮髻頂部飾摩尼珠。束冠的繒帶彎曲外揚並與寶冠冠葉間的鐵綫相連。從手臂內側彎曲垂下的帛帶，自然流暢。右手結觸地印，左手結禪定印。全跏趺坐於蓮花寶座上，蓮瓣細長，尖端上捲，生動秀美。

148

寶生佛坐像
14—15世紀
西藏
黃銅　高28厘米
清宮舊藏

Seated statue of Ratnasambhava
14th–15th Century
Tibet
Brass
Height: 28cm
Qing Court collection

寶生佛面相飽滿，神態慈祥。頭戴五葉獸面冠，寬肩細腰，身形勻稱，瓔珞、臂釧等以紅銅及銀鑲鑄而成，上嵌珊瑚、松石等作為裝飾。右手結與願印，左手結禪定印，全跏趺坐，下承仰覆蓮座。

寶生佛為五方佛之一，居南方。此造像是寶生佛的標準造型，是西藏這一時期造像的代表作。冠葉及繒帶間以銅條連鑄，是對早期藏西造像傳統撐鑄技法的直接繼承。

149

不空成就佛坐像
14—15世紀
西藏
黃銅　高29厘米
清宮舊藏

Seated statue of Amoghasiddhi
14th–15th Century
Tibet
Brass
Height: 29cm
Qing Court collection

不空成就佛戴五葉冠，冠葉的造型已受漢地風格的影響。帛帶隨身形垂下，宛若身光，上陰刻團花等紋樣。周身鑲嵌松石、珊瑚等並嵌鑄紅銅與銀為飾。右手施無畏印，左手結禪定印，雙手的配合是不空成就佛的標誌性印相。全跏趺坐，下承仰覆蓮座。

不空成就佛為五方佛之一，居北方。此造像與前圖寶生佛應為同一堂造像。

150

阿彌陀佛坐像
14—15世紀
西藏
黃銅　高29厘米
清宮舊藏

Seated statue of Amitabha
14th–15th Century
Tibet
Brass
Height: 29cm
Qing Court collection

阿彌陀佛儀態端莊，頭戴五葉寶冠，袒上身，披帛帶，腰束薄裙。雙手疊交腹前，結禪定印，全跏趺坐。下承仰覆蓮座。帽冠、環釧、瓔珞及裙邊等處嵌以紅銅、銀，並以青金、松石、珊瑚等作為裝飾，色彩豐富，精美華麗。

阿彌陀佛為五方佛之一，居西方。在顯、密各派中的信仰極廣，故其造像最為常見，如此尊的造型，或於雙手上加托寶瓶，皆其典型形象。

151

不動佛坐像
15世紀
西藏
黃銅　高20.5厘米
清宮舊藏

Seated statue of Acala
15th Century
Tibet
Brass
Height: 20.5cm
Qing Court collection

不動佛頭戴五葉寶冠，長辮髮披肩，一條帛帶纏繞上臂從腿後上捲。右手結觸地印，左手結禪定印，全跏趺坐。仰蓮座下承長方台，束腰處鏤雕雙獅、力士，下有雲頭足。寶座式背光鏤雕大鵬金翅鳥、龍女、摩羯、童子騎怪獸、獅子、大象六拏具。

152

釋迦牟尼佛坐像
13—14世紀
西藏
銅鎏金　高21厘米
清宮舊藏

Seated statue of Sakyamuni
13th–14th Century
Tibet
Gilt copper
Height: 21cm
Qing Court collection

釋迦佛儀態安詳沉靜，螺髮高髻，細眉垂目，雙唇微啟。身着袒右袈裟，袈裟邊緣綴雙聯珠條帶，中間邊飾陰刻捲草紋，衣紋處理自然寫實。右手下垂結觸地印，左手於腹前結禪定印，全跏趺坐，表現出佛陀覺悟證道的情景，下承仰覆蓮座。此造像造型生動傳神，形神兼備，和諧統一，體現出高超的藝術水平。

黃條：“大利益……（殘）乾隆五十一年（1786）十二……（殘）進”。

153

釋迦牟尼佛坐像
13—14世紀
西藏
黃銅　高81厘米
清宮舊藏

Seated statue of Sakyamuni
13th–14th Century
Tibet
Brass
Height: 81cm
Qing Court collection

釋迦佛面部泥金，藍色螺髮，修眉長目，嘴角翹起，面帶微笑。身披袒右袈裟，邊緣綴聯珠嵌錯紅銅邊飾，是桑唐琍瑪造像的典型裝飾手法。身形渾圓，束腰，右手結觸地印，左手結禪定印，全跏趺坐。下承仰覆蓮座，底緣飾大聯珠，蓮瓣飽滿寬碩，瓣尖勾捲，兼有元明造像的特徵。另配鎏金靠背式背光及有足折角方台，台下鏤雕藥叉、孔雀，背光鏤雕大鵬、鳳鳥，頂有傘蓋。製作考究，與造像雖非同時同地作品，但兩者相得益彰，更襯托出主像的精美。

此造像儀態傳神，鑄造精良，是一尊明早期的桑唐琍瑪造像傑作。

154

釋迦牟尼佛坐像

15世紀
西藏
紅銅鎏金　高26厘米
清宮舊藏

Seated statue of Sakyamuni
15th Century
Tibet
Gilt copper
Height: 26cm
Qing Court collection

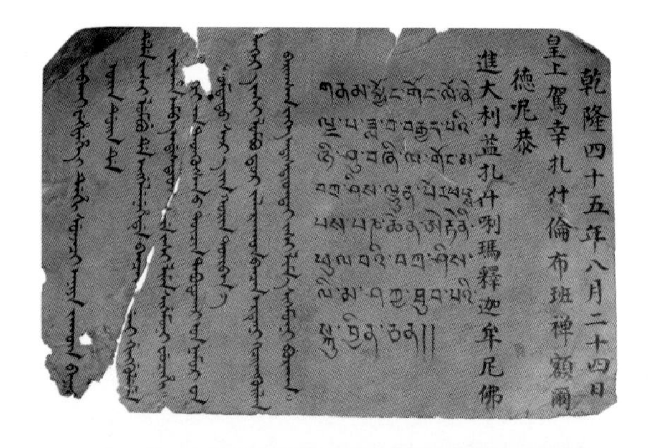
乾隆四十五年八月二十四日
皇上駕幸扎什倫布班禪額爾
德尼恭
進大利益扎什咧瑪釋迦牟尼佛

釋迦佛面相莊嚴，眉間白毫及衣角等處鑲嵌綠松石。薄衣貼體，身形健壯。右手結降魔印，左手托缽結禪定印，全跏趺坐於仰蓮座上。下承折角高台，壺門內陰刻法輪，下有捲草紋足。

台底貼墨書紙簽："乾隆四十五年(1780)八月二十四日　皇上駕幸扎什倫布　班禪額爾德尼恭進大利益扎什琍瑪釋迦牟尼佛"。說明此造像是六世班禪（1738—1780）進獻乾隆皇帝的，地點在承德須彌福壽寺（即扎什倫布）。

155

釋迦牟尼佛龕像
15世紀
西藏
紅銅鎏金　高23.5厘米
清宮舊藏

Statue of Sakyamuni in a shrine
15th Century
Tibet
Gilt copper
Height: 23.5cm
Qing Court collection

釋迦佛螺髮高髻，頂立寶珠，彎眉長目，眉間嵌大白毫。着袒右袈裟，用凸起聯珠紋顯出田相格。右手結觸地印，左手結禪定印，全跏趺坐。下承仰覆蓮座。

此造像供於銀龕內，龕內襯紅色織金錦，龕後刻漢、滿、蒙、藏四種銘文："乾隆四十二年(1777)四月十一日　欽命阿旺班珠爾胡土克圖認看供奉大利益番銅舊琍瑪釋迦牟尼佛……(滿、蒙、藏文音譯略)"。

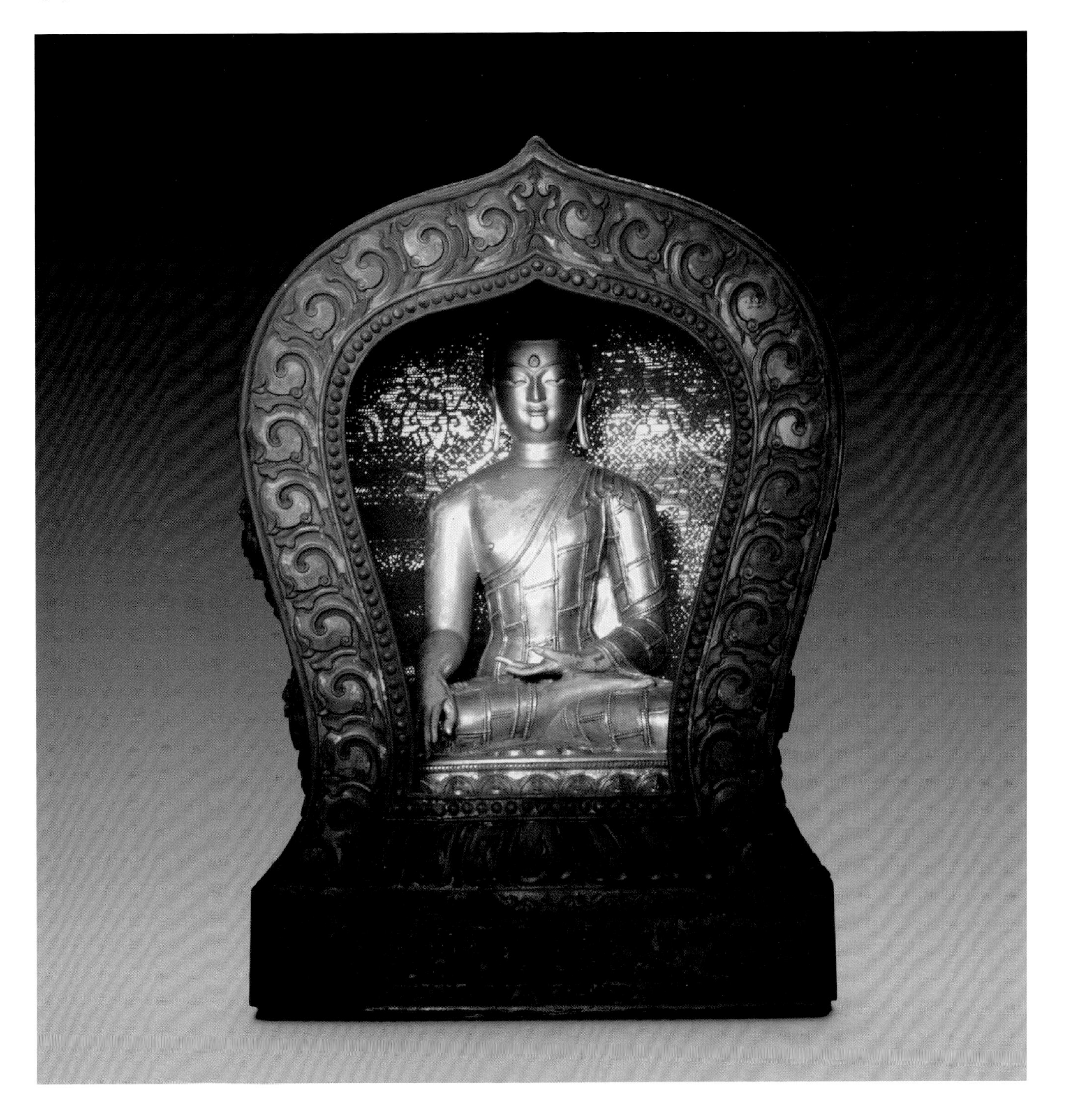

156

自在觀音菩薩坐像
15世紀
西藏
黃銅鎏金　高19.5厘米
清宮舊藏

Seated statue of Avalokitesvara
15th Century
Tibet
Gilt brass
Height: 19.5cm
Qing Court collection

觀音菩薩雙目低垂，面相莊嚴。頭戴五葉花冠，高髮髻，袒上身，肩披羊皮，項鏈、臂釧上均鑲有珠寶。腰束長裙，裙上刻有精美的花紋，裙褶凸起，質地厚重。身姿略傾斜，右手放在右膝上，左手撐蓮座邊，持蓮花。右舒坐，姿態自然優美。下承仰覆蓮座，蓮瓣尖端刻捲雲紋。

此造像為15世紀藏傳佛教全盛期的佳作。

157

賢德佛龕像
15世紀
西藏
紅銅鎏金　高13厘米
清宮舊藏

Statue of Bhadrashri in a shrine
15th Century
Tibet
Gilt copper
Height: 13cm
Qing Court collection

賢德佛螺髮高髻，頂立寶珠。身着袒右袈裟，右肩頭搭蓋袈裟一角，衣緣綴雙聯珠綫，花葉紋邊飾。右手結觸地印，左手施無畏印，全跏趺坐。下承仰覆蓮座，底沿刻纏枝蓮紋，座底板陰刻鎏金十字杵紋，工藝精細。

此造像供於銀龕內，龕內襯紅色織金錦，龕後刻漢、滿、蒙、藏四種銘文："乾隆三十八年（1773）閏三月十六日　欽命阿旺班珠爾胡土克圖認看供奉大利益嘎克達穆琍瑪賢德佛……（滿、蒙、藏文音譯略）"。賢德佛為三十五懺悔佛之一。

"嘎克達穆"即"噶當"的異譯，噶當是西藏佛教史中一個重要的教派，銘文表明此造像是噶當教派寺院的佛像。

158

手持金剛立像
15世紀
西藏
黃銅　高21厘米
清宮舊藏

Standing statue of Vajradhara
15th Century
Tibet
Brass
Height: 21cm
Qing Court collection

手持金剛肌膚泥金，赤髮紅鬚，三目圓睜，張口怒吼，呈忿怒相。頭戴五骷髏冠，身形粗壯，大腹，肩披人皮，身掛人頭大瓔珞。右手高舉金剛杵，左手當胸結期克印。展左立，雙腳踏盤曲的蛇，一邊三條。下承仰覆蓮座，雕雙重寬肥蓮瓣。

黃條：“嘎克達穆琍瑪大利益手持金剛　二十年（1755）十月二十五日收”。

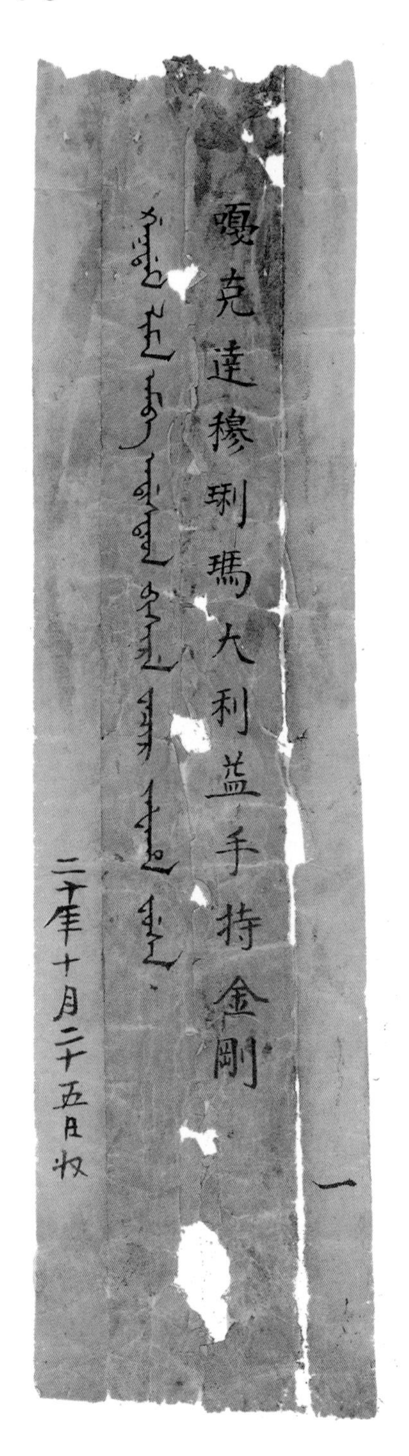

159

白度母坐像
15世紀
西藏
黃銅　高18厘米
清宮舊藏

Seated statue of White Tara
15th Century
Tibet
Brass
Height: 18cm
Qing Court collection

白度母神態祥和。頭戴三葉寶冠，繒帶上飄，袒上身，豐乳細腰，斜披帛帶，佩飾瓔珞、臂釧，鑲嵌珠寶。腰束長裙，裙上陰刻花紋。右手結與願印，左手持蓮枝，全跏趺坐。下承仰覆蓮座。

160

四臂觀音菩薩坐像
14—15世紀
西藏
黃銅　高19厘米
清宮舊藏

Seated statue of Four-armed Avalokitesvara
14th–15th Century
Tibet
Brass
Height: 19cm
Qing Court collection

觀音菩薩面相豐圓，雙目細長。頭戴五葉寶冠，頂立化佛。袒上身，寬背細腰，佩飾瓔珞、臂釧。胸前雙手結合掌印，後右手所持物已失，左手持蓮花。腰束長裙，裙上鏨刻梅花點。全跏趺坐於仰覆蓮座上，蓮瓣寬扁而薄，座下承折角雙獅高台，束腰處浮雕摩尼寶及雙獅，嵌寶石。

黃條："大利益巴勒波琍瑪四臂觀世音菩薩　乾隆四十五年（1780）五月十五日收　江南帶來　班臣厄爾德尼進"。

161

綠度母坐像
14—15世紀
西藏
黃銅　高14厘米
清宮舊藏

Seated Statue of Green Tara
14th–15th Century
Tibet
Brass
Height: 14cm
Qing Court collection

綠度母右舒坐姿態，右手放膝頭施與願印，左手抬起拈蓮花莖。面龐清秀，眉間有白毫，微帶笑意神情怡然。寶冠正中雕刻珠寶，環繞翻卷的帛帶組合而成，造型別致。高髮髻，頂飾日明，日中嵌紅珊瑚。胸前垂掛瓔珞，嵌綠松石。長帛帶成弧形自耳後垂下，翻繞小臂與蓮座連接，造型秀美刻畫精細。

黃條："大利益巴勒波琍瑪綠救度佛母　乾隆二十九年（1764）五月十九收王常貴呈覽"。

清宮配製銀龕供奉，龕內襯紅色織金錦，龕後刻銘文："乾隆四十二年（1777）十一月十九日　欽命章嘉胡土克圖認看供奉大利益巴爾波利馬綠救度佛母……（滿、蒙、藏文音譯略）"。

"巴爾波琍瑪"也譯為"巴勒布琍瑪"，"巴勒布"是清朝對尼泊爾的稱呼。此造像是有可靠記載的尼泊爾工匠作品，是"巴勒布琍瑪佛像"的標尺文物，清宮特製銀龕，亦説明它的來源比較重要。

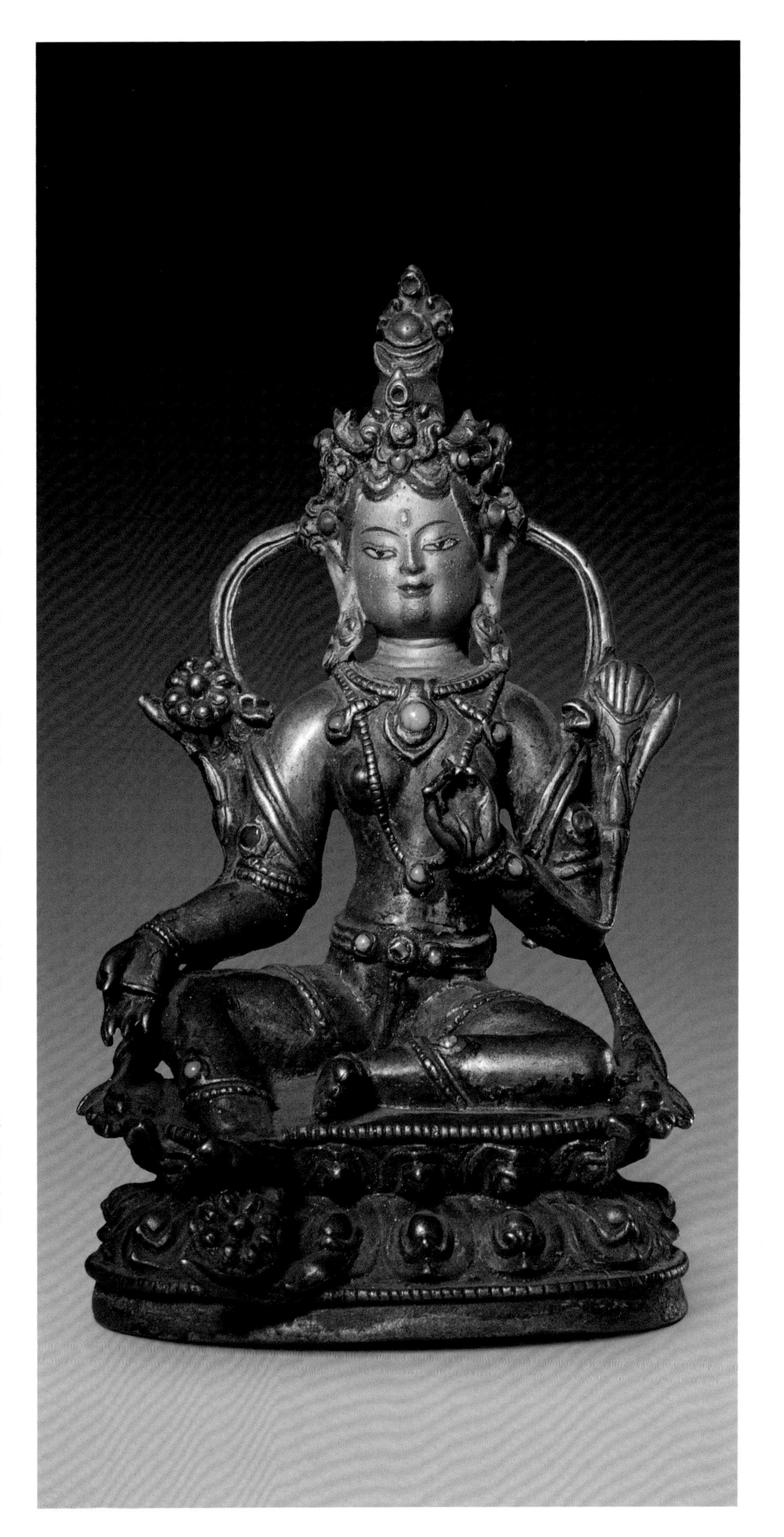

162

綠度母龕像

14—15世紀
西藏
黃銅鎏金　高28厘米
清宮舊藏

Statue of Green Tara in a shrine

14th–15th Century
Tibet
Gilt brass
Height: 28cm
Qing Court collection

綠度母面部、上身露肌膚處泥金。身形豐滿圓潤，乳房略偏上，吸收了尼泊爾女神特點。身飾珠寶項鏈、胸鏈、臂釧、手鐲。腰束刻花貼身長裙，腰帶處飾珠寶瓔珞。右手下伸結印，左手持蓮枝。右舒坐，腳踏小蓮花，下承仰覆蓮座。

清宮配銀龕供奉，龕後刻銘文："乾隆十八年(1753)六月初九日　欽命章嘉胡土克圖認看供奉大利益番銅舊琍瑪綠衣救度佛母……（滿、蒙、藏文音譯略）"。

163

綠度母坐像
15世紀
西藏
紅銅鎏金　高21厘米

Seated statue of Green Tara
15th Century
Tibet
Gilt copper
Height: 21cm

綠度母面相清秀，雙目低垂，表情柔媚，生動傳神。頭戴五葉化佛冠，袒上身，佩飾項鏈、臂釧。腰束長裙，緊裹雙腿，衣褶上飾精美花紋。右手持蓮花，左手結心印，右舒坐，腳踏小朵蓮花。下承仰覆蓮座，蓮瓣尖上捲，上下邊緣飾聯珠紋。

164

阿彌陀佛坐像
15世紀
西藏
紅銅鎏金　高23厘米

Seated statue of Amitabha
15th Century
Tibet
Gilt copper
Height: 23cm

阿彌陀佛面相祥和莊嚴，頭戴五葉寶冠，冠正中為金翅鳥頭。袒上身，佩飾珠寶瓔珞，鑲嵌青金石、松石、珍珠。腰下束裙，裙薄貼體，不刻衣褶。雙手相疊結禪定印，全跏趺坐。下承仰覆蓮座，座底板陰刻鎏金十字杵紋。

165

阿彌陀佛坐像
15世紀
西藏
銅鎏金　高20.5厘米
清宮舊藏

Seated statue of Amitabha
15th Century
Tibet
Gilt copper
Height: 20.5cm
Qing Court collection

阿彌陀佛雙目低垂，面含笑意。頭戴五葉寶冠，冠葉雕飾精緻。袒上身，佩飾瓔珞，帛帶下飄，自然流暢，裙褶用凹溝表現。雙手結禪定印，上托寶瓶，全跏趺坐。下承仰覆蓮座，座下有折角高台，雕有花柱、孔雀和象徵五覺的供品，底緣雕刻精細的捲蓮紋。台底板塗硃砂，陰刻永樂式十字杵紋。造像雕飾精美，生動傳神，背後刻天成體梵文。

此造像為阿彌陀佛在胎藏界曼荼羅中的形象，稱為無量壽如來，居中台八葉之西方。

166

彌勒佛坐像
15世紀
西藏
紅銅　高25厘米
清宮舊藏

Seated statue of Maitreya
15th Century
Tibet
Copper
Height: 25cm
Qing Court collection

彌勒佛修眉長目，着袒右袈裟，衣褶垂疊在座前，吸收了漢地造像因素。雙手持蓮枝結說法印，垂腳坐於高梗蓮台上。身左右有兩枝盛開蓮花，分別托佛塔、淨瓶，蓮梗粗壯，安於圓底座中心，枝杈旁出，造型別致。

167

金剛勇識菩薩坐像
15世紀
西藏
銅鎏金　高32厘米
清宮舊藏

Seated statue of Vajrasattva
15th Century
Tibet
Gilt copper
Height: 32cm
Qing Court collection

菩薩戴三葉寶冠，冠葉飾獸面，高髮髻，髻頂飾摩尼寶，眉間有方形白毫，兩耳戴垂花耳環。袒上身，佩飾瓔珞、臂釧。腰束長裙，裙上飾有花紋。右手立杵，左手持鈴，全跏趺坐。下承仰覆蓮座，座底板飾鎏金十字杵紋。

168

金剛薩埵坐像
15—16世紀
西藏
黃銅鎏金　高16厘米
清宮舊藏

Seated statue of Vajrasattva
15th–16th Century
Tibet
Gilt brass
Height: 16cm
Qing Court collection

金剛薩埵面相祥和，頭戴五葉寶冠。寶冠、瓔珞、臂釧、手鐲處嵌松石、紅寶石。袒上身，肩披繞身帛帶，腰下束裙，衣褶自然起伏。雙手結說法印，身側兩枝蓮花花蕊中立金剛鈴、金剛杵。全跏趺坐於仰覆蓮座上，座正面刻細長的多層蓮瓣，後面光素。

此造像形式完全摹仿內地明永樂、宣德時期造像，但其鑲嵌寶石、座後面無蓮瓣等特點亦符合西藏作品的常見作法，可見漢藏佛教藝術的雙向交流。

169

四臂觀音菩薩坐像
15世紀
西藏
紅銅鎏金　高19厘米
清宮舊藏

Seated statue of Four-armed Avalokitesvara
15th Century
Tibet
Gilt copper
Height: 19cm
Qing Court collection

觀音菩薩面相莊嚴，眉目之間傳達出一種憂鬱感，表現了觀音悲憫眾生的情懷。袒上身，肩披羊皮，長裙衣紋起伏自然。胸前雙手結合掌印，後右手拈珠，左手持蓮花，全跏趺坐。下承仰覆蓮座。

黃條："大利益流崇干琍瑪四臂觀音菩薩　乾隆四十六年（1781）十一月二十九日收　嘎爾丹西勒圖羅藏丹巴……（殘）"。

"流崇干"是藏文音譯，意為"來烏羣巴琍瑪佛像"。"來烏羣巴"是15世紀中期西藏著名工匠，曾主持建造了扎什倫布寺強巴佛大銅像（1464年建成）。此造像是有可靠記錄的"來烏羣巴琍瑪佛像"，吸收了漢地佛教造像手法，工藝精美，極為珍貴。

170

四臂觀音菩薩坐像
15世紀
西藏
紅銅鎏金　高14厘米
清宮舊藏

Seated statue of Four-armed Avalokitesvara
15th Century
Tibet
Gilt copper
Height: 14cm
Qing Court collection

觀音菩薩面相端嚴，頭戴華麗的珠寶冠，高髮髻頂立化佛。袒上身，肩披羊皮，臂垂帛帶，胸前雙手結合掌印，身後右手拈珠，左手持蓮。全跏趺坐，下承仰覆蓮座。頭後鏤雕火燄紋頭光。

黃條：“隻崇干大利益四臂觀音菩薩　二十五年(1760)十月二十四日　清淨地換下”。

此造像與前圖同為西藏“來烏羣巴琍瑪佛像”的珍貴實例。“清淨地”是圓明園中的藏傳佛教殿堂，此造像曾在那裏供奉。

171

手持金剛立像
15世紀
西藏
黃銅鎏金　高16厘米
清宮舊藏

Standing statue of Vajradhara
15th Century
Tibet
Gilt brass
Height: 16cm
Qing Court collection

金剛呲牙怒目，呈忿怒相。頭戴寶冠，身形粗壯，大腹，佩飾項鏈、瓔珞、長蛇，鑲嵌綠松石、紅寶石。右手高舉金剛杵，左手於胸前結期克印。展左立，右腿弓，左腿蹬，腳踏二魔神，下承仰覆蓮座，工藝精細。

黃條："大利益流從干琍瑪手持金剛　乾隆二十六年（1761）十二月初九日收　雍和宮換下"。表明此造像曾在雍和宮供奉。

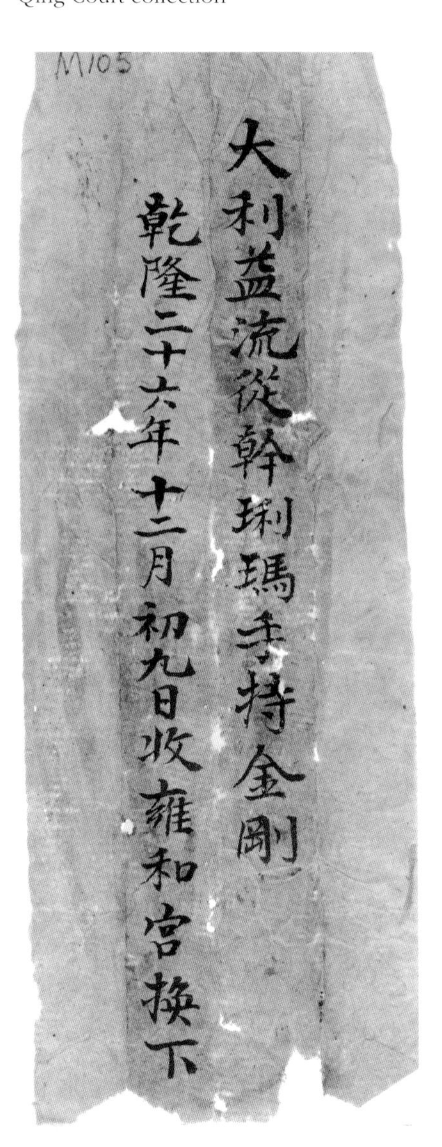
M105
大利益流從幹琍瑪手持金剛
乾隆二十六年十二月初九日收雍和宮換下

172

大黑天立像
15世紀
西藏
黃銅鎏金　高19.5厘米
清宮舊藏

Standing statue of Mahakala
15th Century
Tibet
Gilt brass
Height: 19.5cm
Qing Court collection

大黑天呲牙怒目，赤髮紅鬚，頭戴化佛寶冠。身形粗壯，大腹，垂掛人頭大瓔珞和珠寶瓔珞，一條帛帶繞身翻捲。右手持鉞刀，左手托噶布拉血碗，短腿作蹲踞姿態，腳下踏一仰臥魔。下承仰覆蓮座，座底板塗硃砂，陰刻十字杵紋。

此造像裝飾繁縟華麗，做工精湛。其工藝與明永樂時期內地宮廷造像完全一致，可見明代漢藏佛教藝術的密切交流。

黃條："番銅琍瑪利益陽體宮室勇保護法　二十一年（1756）十月二十七日收……（殘）"。

大黑天梵文音譯為"瑪哈噶拉"，清宮譯為"陽體宮室勇保護法"。起源於印度，被尊為戰神與施福之神，傳入西藏被尊為護法神之首，仍保持其原有神性。

173

大黑天立像
15世紀
西藏
黃銅　高20.3厘米
清宮舊藏

Standing statue of Mahakala
15th Century
Tibet
Brass
Height: 20.3cm
Qing Court collection

大黑天三目圓睜，呲牙俯視，頭戴五葉骷髏冠。身形粗壯，大腹，垂掛人頭大瓔珞與長蛇，腰束虎皮裙。右手持鉞刀，左手持噶布拉血碗，兩肘間橫置短杖，腳下踏裸身形仰臥魔。下承覆蓮座，座下沿刻藏文銘文，其意為：“金剛空行變化身，具備五智勝者之體黑如迦吉祥大黑天帳護王，我敬禮。”

174

空行佛母立像
15世紀
西藏
紅銅　高22厘米
清宮舊藏

Standing statue of Vajrayogini
15th Century
Tibet
Copper
Height: 22cm
Qing Court collection

佛母昂首微笑，頭戴五葉骷髏冠。裸身形，身掛人頭大瓔珞，右臂後伸，手持鉞刀；左臂側舉，手持噶布拉血碗。左腿弓，右腿蹬，雙腳下各踏一魔，充滿力量，是憤怒迎敵的戰鬥姿態。造型動感強烈，充分表現了空行佛母降妖伏魔的威猛氣勢。下承覆蓮座。

空行佛母是藏傳佛教護法神，是代表智慧與力量的飛行女神。

175

馬頭金剛橛像
15世紀
西藏
銀銅　高20.5厘米
清宮舊藏

A statue of Dorje phurpa with a Horse Head
15th Century
Tibet
Brass, silver
Height: 20.5cm
Qing Court collection

馬頭金剛橛一頭四臂，呲牙怒目，呈忿怒相。頭戴骷髏五葉冠，紅髮髻中有一馬頭。袒上身，胸前結長蛇及瓔珞，身前二手拉弓，身後二手持金剛杵、蓮花。下身為四面金剛橛，尖部插入銀製的噶布拉血碗中心，碗安置於鎏金仰覆蓮座上。造像由金剛橛、碗、蓮座三部分鑄造組合而成。

金剛橛為密宗法器，原為古兵器，後來由法器演變成護法神金剛橛，西藏佛教寧瑪、薩迦等教派中都有金剛橛崇拜的教法。

176

馬頭金剛立像
15世紀
西藏
黃銅　高19厘米
清宮舊藏

Standing statue of Hayagriva
15th Century
Tibet
Brass
Height: 19cm
Qing Court collection

馬頭金剛一頭四臂，呲牙怒目，呈忿怒相。紅色火燄形髮髻頂立三個馬頭。身形粗壯，大腹，腰束虎皮短裙，胸前盤繞一蛇，蛇頭披在左肩。身前右手持金剛杵，左手持拂塵；身後右手持劍，左手持金翅鳥。展左立，腳下踏一條長蛇，蛇身擰為雙股粗繩形。

黃條：“(嘎）克達穆琍瑪大利益馬頭金剛　二十年（1755）十月二十五日收……（殘)”。

馬頭金剛為觀音菩薩所化現，是觀音菩薩為摧破一切眾生的無明世障而顯現的忿怒相。此造像為噶當派所修主尊。

177

手持金剛立像
16世紀
西藏
紅銅　高17.5厘米
清宮舊藏

Standing statue of Vajradhara
16th Century
Tibet
Copper
Height: 17.5cm
Qing Court collection

手持金剛橫眉立目，呈忿怒相，頭戴五葉骷髏冠，赤髮紅鬚，肌膚泥金。身形粗壯，大腹，身飾項鏈、瓔珞，垂掛人頭大瓔珞，身後披獅子皮。右手持金剛杵，左手於胸前結印，展左立，腳踏一魔。魔的身體弓起極力掙扎，形象鮮明生動。下承仰覆蓮台座，後有忍冬紋背光，雕刻精緻。

黃條："乾隆三十六年（1771）十一月十五日收　利益番造善……（殘）"。

178

喜金剛立像
15世紀
西藏
黃銅　高19.5厘米
清宮舊藏

Standing statue of Hevajra
15th Century
Tibet
Brass
Height: 19.5cm
Qing Court collection

喜金剛八面十六臂四腿，戴骷髏冠，垂掛人頭大瓔珞，主臂擁抱無我佛母，十六隻手中都持噶布拉血碗，碗中有黃色地神、藍馬、白鼻驢、紅牛、白色水神、綠色風神、紅色火神等。喜金剛腳下踏二魔，佛母一面二臂，二手各持鉞刀、噶布拉血碗。下承仰覆蓮座。

喜金剛有各種變相，此為藍色心藏喜金剛。

179

喜金剛立像
16世紀
西藏
黃銅　高18厘米
清宮舊藏

Standing statue of Hevajra
16th Century
Tibet
Brass
Height: 18cm
Qing Court collection

喜金剛八面十六臂，頭戴骷髏冠，赤髮金面，裸身形，垂掛五十人頭大瓔珞，兩主臂擁抱明妃無我佛母，其餘各臂呈扇形展開，左右各八手，依佛經所述右手托象、鹿、驢、牛、駝、人、獅、貓等八獸，左手托地、水、火、風、日、月、死、財等八位神祇，今持物已缺失。佛母右腿緊纏金剛腰際，左腿舒展，與主尊的四腳踩踏仰面魔，表示對貪、嗔、癡三毒的克服。下承覆蓮台座，座下層光素，飾三圈聯珠紋。

180

蓮花生坐像
15世紀
西藏
黃銅　高18厘米
清宮舊藏

Seated statue of Padmasambhava
15th Century
Tibet
Brass
Height: 18cm
Qing Court collection

蓮花生眉毛粗而彎曲，雙目炯炯有神。頭戴寧瑪派佛冠，衣褶用凹溝表現，粗獷而有質感，罩袍上雕刻精美的花紋。右手持金剛杵，左手結禪定印，上托顱碗，全跏趺坐。下承仰覆蓮座，座底板為鐵質。

此造像屬15世紀早期作品，富有特色的冠帽和罩袍是蓮花生的永恆形象。

蓮花生亦稱"烏金大師"，為印度密宗大師，公元8世紀進入西藏傳授佛法，創建西藏第一座寺院桑耶寺，被尊為藏密祖師、寧瑪派（紅教）祖師，廣受尊奉。

181

祖師坐像
15世紀
西藏
黃銅　高12.5厘米
清宮舊藏

Seated statue of Lama
15th Century
Tibet
Brass
Height: 12.5cm
Qing Court collection

祖師雙目大睜，神態專注。頭戴圓帽，身着藏式袈裟，衣緣綴雙聯珠綫，內刻三角花紋邊飾。右手結說法印，左手握經篋，全跏趺坐，似正在講經說法。坐墊上鋪羊皮，下承覆蓮座，座後部刻藏文題記。

此造像是一位高僧的寫實形象，比例適度，姿態生動。

182

宗喀巴坐像
16世紀
西藏
銅鎏金　高24厘米
清宮舊藏

Seated statue of Tsongkhapa
16th Century
Tibet
Gilt copper
Height: 24cm
Qing Court collection

宗喀巴面目慈祥，頭戴黃教的通人冠，身穿喇嘛僧袍，衣紋細緻自然。雙手當胸結說法印，手中各引蓮枝至身兩側左右肩頭，花上各托經篋、劍，代表文殊之大智。全跏趺坐於仰覆蓮座之上，整體造型給人以平和安詳之感。

此造像技法嫻熟，工藝精湛，為西藏地區清前期造像的代表作。

宗喀巴本名洛桑扎巴，由於出生在青海宗喀（今湟中）地方，人稱“宗喀巴”，意為“宗喀地方的聖人”。他於明永樂七年（1409）創建了藏傳佛教的格魯派。此派僧侶以頭戴黃色桃形僧帽為標誌，故又稱黃教。宗喀巴作為藏傳佛教格魯派的創始人，被視為文殊菩薩的化身，享有至尊的地位，其形象標誌也與文殊菩薩相同。

183

密集金剛坐像
16世紀
西藏
黃銅鎏金　高20.5厘米
清宮舊藏

Seated statue of Guhyasamaja
16th Century
Tibet
Gilt brass
Height: 20.5cm
Qing Court collection

密集金剛三面六臂，面相豐滿，頭戴五葉寶冠，大耳璫嵌松石，主臂擁抱藍色觸金剛佛母。右三手分別持金剛杵、蓮花、法輪，左三手分別持金剛鈴、摩尼寶、寶劍。全跏趺坐。佛母亦三面六臂，手中持物與金剛相同。下承仰覆蓮座，座底板鎏金，陰刻十字杵紋。底板鎏金的佛像均為珍貴佛像。

黃條：“利益番銅琍瑪陽體秘密佛乾隆五十八年（1793）八月二十六日收熱河帶來”。

密集金剛為藏傳佛教無上瑜伽密部主尊。

184

本生上樂金剛坐像
17世紀
西藏
紅銅　高20.5厘米
清宮舊藏

Seated statue of Prototypical Shamvara
17th Century
Tibet
Copper
Height: 20.5cm
Qing Court collection

金剛三目大睜，神情微怒。頭戴五骷髏冠，雙臂擁抱佛母金剛亥母，兩手交叉各持寶瓶。下身着貼體長裙，裙面刻蓮葉花紋，鑲嵌金銀花絲、花點，這是當時西藏貴重佛像中常見的裝飾技法。全跏趺坐。下承仰覆蓮座。

黃條："利益番造陰體本生上樂王佛嘉慶十四年 (1809) 九月二十九日收進喜……（殘）"。

上樂金剛有多種變相，此造像是本生上樂金剛，亦稱白上樂金剛。

185

上樂金剛立像
17世紀
西藏
黃銅　高42厘米
清宮舊藏

Standing statue of Samvara
17th Century
Tibet
Brass
Height: 42cm
Qing Court collection

上樂金剛張目呲牙，呈忿怒相。頭戴五骷髏冠，髮髻頂飾摩尼寶，髻左邊飾半月。袒上身，垂掛人頭大瓔珞，腰束虎皮裙。雙臂擁抱金剛亥母，右手持金剛杵，左手持鈴。展右立，右腿蹬，腳踏黑色威德天，左腿弓，腳踏紅色時相母。下承覆蓮台座。身後飾火燄紋背光。

186

佛海觀音菩薩立像
17世紀
西藏
紅銅　高16厘米
清宮舊藏

Standing statue of Jinasagara Avalokitesvara
17th Century
Tibet
Copper
Height: 16cm
Qing Court collection

觀音菩薩面容微怒，戴五骷髏冠，飾大耳璫。裸身形，雙臂擁抱佛母，左肩旁雕盛開的蓮花。右手持唸珠，左手持蓮枝。兩腿修長，展右立，身體左傾，頭向右擺，姿態誇張。佛母右手持噶布拉鼓，左手托噶布拉血碗。下承仰覆蓮座。

黃條：“利益番銅琍瑪陰體佛海……（殘）嘉慶九年（1804）十二月十二日……（殘）進”。

此造像為觀音菩薩雙尊像，在繪畫中身為紅色，亦稱紅觀音。

187

尊勝佛母坐像
17世紀
西藏
紅銅鎏金　高22.5厘米
清宮舊藏

Seated statue of Vijaya
17th Century
Tibet
Gilt copper
Height: 22.5cm
Qing Court collection

尊勝佛母三面八臂，面容微怒。頭戴嵌松石五葉寶冠，肩披帛帶，胸前滿飾瓔珞。胸前二手，右手托十字杵，左手持索繩。右上手托阿彌陀佛小像，是尊勝佛母的顯著標誌。其餘各手或持弓、箭，或結與願印、禪定印。下承雙蕊仰蓮座，是單獨鑄造後與佛身鉚接。

尊勝佛母與無量壽佛、白度母並稱為藏傳佛教的三長壽佛，禮拜她可給人帶來幸福吉祥。

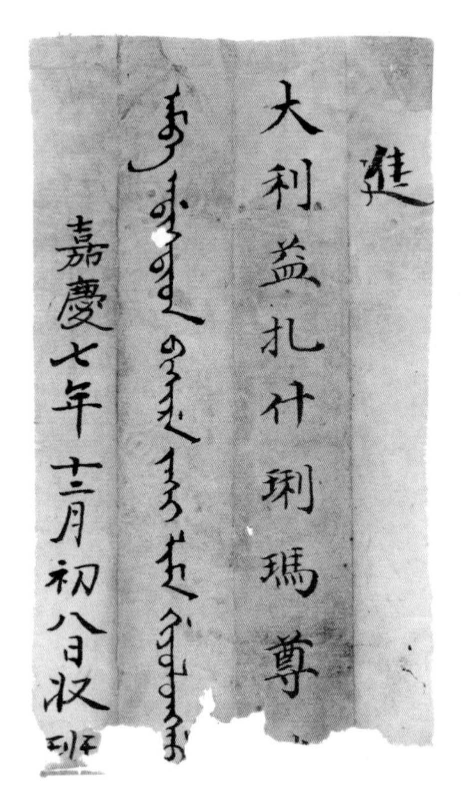

188

吉祥天母坐像
17世紀
西藏
紅銅鎏金　高18厘米
清宮舊藏

Seated statue of Palden Lhamo
17th Century
Tibet
Gilt copper
Height: 18cm
Qing Court collection

吉祥天母怒目圓睜，頭戴五骷髏冠，火餤形髮髻。裸身形，垂掛人頭大瓔珞。右手舉人頭三股金剛叉與阿修羅作戰，左手托噶布拉血碗，象徵幸福。左舒坐騾背上，腳踏人頭。騾子腳下刻起伏的波浪紋，表示她在血海中奔走。

吉祥天母又稱吉祥天女，為藏密護法女神之首。因騎騾子，亦俗稱“騾子天王”，象徵她可以在天上、地上、地下三界遍走飛行。

189

馬頭金剛立像
17—18世紀
西藏
銅鎏金　高22厘米
清宮舊藏

Standing statue of Hayagriva
17th–18th Century
Tibet
Gilt copper
Height: 22cm
Qing Court collection

馬頭金剛怒目圓睜，闊口獠牙，呈忿怒相。頭戴五骷髏冠，赤色髮髻間有一馬頭，是本尊的形象特徵。身形粗壯，大腹，通身飾骷髏、瓔珞，帛帶飄舉。右手持劍橫頂上，左手結印，展左立，腳下踏二神，形象威猛。下承覆蓮台座。身後飾鏤空火燄紋背光。

此造像造型生動，工藝精湛，通體鎏金並鑲嵌珠石，尤顯華貴精美。

黃條："大利益扎什琍瑪陽……（殘）　乾隆五十八年（1793）八月二十六日收　熱河……（殘）"。

190

妙音佛母坐像
17世紀
西藏
紅銅　高15.8厘米
清宮舊藏

Seated statue of Sarasvati
17th Century
Tibet
Copper
Height: 15.8cm
Qing Court collection

妙音佛母面容秀麗，神情安詳。頭戴五葉寶冠，束高髻。袒上身，身形健美，佩飾瓔珞，菩薩裝束，懷抱曲頸琵琶，正在彈奏。交腳坐於仰覆蓮座之上，姿態怡然。琵琶為單獨製作後裝配。

妙音佛母是藏傳佛教中的女護法神。

191

文殊菩薩坐像
17—18世紀
西藏
青銅　高26厘米
清宮舊藏

Seated statue of Manjusri
17th–18th Century
Tibet
Bronze
Height: 26cm
Qing Court collection

文殊面相豐滿秀美，廣目修鼻。頭戴五葉寶冠，袒上身，佩飾瓔珞、臂釧。右手結與願印，左手結安慰印。腰束裙，刻凸起的圓棱綫衣紋，中間陽綫刻纏枝蓮花紋，花的枝與葉中心嵌銀。全跏趺坐，下承仰覆蓮台座。身兩側蓮花中托劍與經卷是文殊的標誌。

黃條：“利益番造文殊菩薩　乾隆五十八年（1793）十一月二十一日收　達賴喇嘛進”。

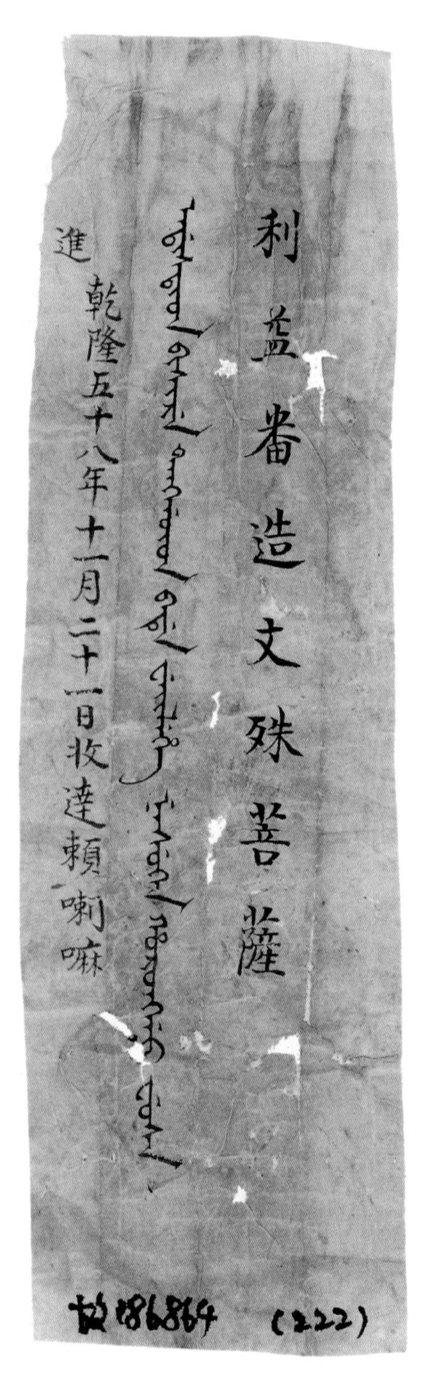
利益番造文殊菩薩

乾隆五十八年十一月二十一日收達賴喇嘛

進

故186864　(222)

192

三世達賴坐像
17世紀
西藏
銀　高32.7厘米
清宮舊藏

Seated statue of the Third Dalai Lama
17th Century
Tibet
Silver
Height: 32.7cm
Qing Court collection

達賴目光炯炯有神，身着通肩式袈裟，手結説法印，腿遮於僧袍之內，全跏趺端坐在三層卡墊上，造型簡潔，法相莊嚴。

此造像是一尊藝術水平很高的高僧肖像，頗具寫實性，藏族人形象特點突出。這尊用銀片槌打製成的金碟像，供奉在故宮雨花閣東配樓，黑漆描金佛龕，背板刻銘文："乾隆四十四年（1779）七月初七日　欽命章嘉胡土克圖認看供奉利益銀造三輩達賴喇嘛"。

三世達賴索南嘉措（1543－1588），是西藏佛教史上的重要人物，他在明中期曾傳播黃教於蒙古地區，為黃教在西藏、蒙古的發展奠定了基礎。

193

宗喀巴坐像
17世紀
西藏
金　高50厘米
清宮舊藏

Seated statue of Tsongkhapa
17th Century
Tibet
Gold
Height: 50cm
Qing Court collection

宗喀巴面容豐滿，笑意盎然。雙手持蓮枝，作說法印，腿遮於寬袍之下，全跏趺坐。身側雕兩枝蓮花，上托寶劍與經篋。下承仰蓮座，座下為折角八獅方台，台上嵌珊瑚、松石。台前彎桿挑兩盞嵌珠寶金宮燈。背光花繁葉茂，刻十二尊上樂金剛銀像，頂上為蓮花座，座上立上樂金剛，張傘蓋。

背光刻銘文："乾隆四十五年（1780）七月二十日　班禪額爾德尼瞻仰天顏恭進十二上樂王座藏釋迦牟尼佛舍利大利益宗喀巴佛"。表明此造像是六世班禪敬獻的。

194

宗喀巴坐像
17—18世紀
西藏
銅鎏金　高19.5厘米
清宮舊藏

Seated statue of Tsongkhapa
17th–18th Century
Tibet
Gilt copper
Height: 19.5cm
Qing Court collection

宗喀巴方面闊口，眉目慈祥。頭戴黃教通人冠，着通肩袈裟，雙手結說法印，手中持蓮枝延至左右肩，其上分別托梵篋與寶劍。全跏趺坐，下承仰覆蓮座。

此造像為宗喀巴上師的標準造型。

195

蓮花生坐像
18世紀
西藏
紅銅鎏金　高29厘米
清宮舊藏

Seated statue of Padmambhava
18th Century
Tibet
Gilt copper
Height: 29cm
Qing Court collection

蓮花生雙目圓睜，作忿怒相，鬚眉捲曲，相貌有印度人特徵。戴寧瑪派佛冠，飾大耳璫，身披袈裟，藍色髮辮垂於肩頭袈裟外。右手持金剛杵，左手托噶布拉血碗，碗中立寶瓶，左肩還應夾持天杖，現已佚。全跏趺坐於仰蓮座之上。

196

格魯派祖師像
18世紀
西藏
銅鎏金　高20.5厘米
清宮舊藏

Statue of Lama of Dge-lugs-pa
18th Century
Tibet
Gilt copper
Height: 20.5cm
Qing Court collection

祖師面龐清瘦俊美，頭戴黃帽，表明他是藏傳佛教格魯派的祖師，穿多層袈裟，衣褶以凹溝表現，紋路粗大。右手結持花印，持蓮花，左手結禪定印，上托經篋。全跏趺坐於雙層方墊之上，墊底飾鎏金十字杵紋。背光為後配，由鏤雕的纏枝蓮花纏繞而成。

此造像是18世紀西藏扎什琍瑪作品。

197

大威德金剛組像
17—18世紀
西藏
銅鎏金　高26厘米
清宮舊藏

A group of statues of Yamantaka
17th–18th Century
Tibet
Gilt copper
Height: 26cm
Qing Court collection

大威德金剛九首三十四臂十六足，主面為牛頭，頂上雙角，三目圓睜，現忿怒相，最高一面為文殊菩薩本相，現寂靜相。九首代表大乘的九部契經，三十四臂並身、語、意表三十七助道品，十六足象徵十六空，其右腳下踏人、獸等八物，寓意八成就，左腳下踏鷲鳥等八禽，代表八自在。裸身形擁抱露漩佛母，象徵悲智雙運與無掛礙的境界。下承覆蓮台座。主像身後安有一活動支柱，柱端鑄三雲台及火燄背光，上奉藏密的上師三尊：金剛薩埵（中）、文殊菩薩（右）和宗喀巴（左）。

此造像將唐卡等繪畫中的題材予以立體再現，具有極強的觀賞性，顯示出了西藏造像高超的工藝水平。

底附白綾簽，書漢、滿、蒙、藏四種文：“利益番銅琍瑪陽體威羅瓦金剛”。

大威德金剛也稱威羅瓦金剛，是文殊菩薩的忿怒現相，與密集金剛、上樂金剛並為黃教主修的三大主尊。

198

金剛薩埵坐像
17—18世紀
西藏
黃銅鎏金　高18.5厘米

Seated statue of Vajrasattva
17th–18th Century
Tibet
Gilt brass
Height: 18.5cm

金剛薩埵面相端莊，雙目微合，眉間嵌白毫。頭戴寶冠，身佩瓔珞、環釧，上嵌松石。帔帛、下裙紋褶轉折流暢。雙手結說法印，持蓮枝於胸前，身兩側蓮花上分別立金剛杵和金剛鈴。全跏趺坐，下承仰覆蓮座，蓮瓣挺拔，瓣尖上捲呈象鼻狀捲雲紋。座上沿陰刻“大明宣德年施”仿款。

此造像仿明永樂、宣德年間內地製作的藏傳佛像，但其細部差別很大，款識字體拙笨，顯然是西藏工匠生硬描出的。它是明代以來西藏與內地藏傳佛像藝術相互影響的極好的例證。

199

上樂金剛立像
17世紀
西藏
紫金　高51.5厘米
清宮舊藏

Standing statue of Samvara
17th Century
Tibet
Alloy copper
Height: 51.5cm
Qing Court collection

上樂金剛四面十二臂。頭戴寶冠，高髮髻飾十字杵和半月，袒上身，垂掛人頭大瓔珞。胸前兩主臂擁抱金剛亥母，十二手各持法器，身後披大象皮。展右立，腳下踏魔。飾鏤空鎏金寬火燄紋背光。銅色黑中泛紫光，表明此造像是珍貴的紫金琍瑪佛像。

紫金琍瑪是一種特殊的銅合金，其成分包括銅、金、銀及多種寶石粉末，材質珍貴，多用於珍貴佛像的鑄造。“紫金”尤為清乾隆皇帝所鍾愛，因此內地的紫金造像基本都是清乾隆時期的宮廷御製。

200

白勇保護法立像

17—18世紀
西藏
黃銅　高24.5厘米
清宮舊藏

Standing statue of White Mahakala
17th–18th Century
Tibet
Brass
Height: 24.5cm
Qing Court collection

白勇保護法一面六臂，面相威猛而略帶憨態，怒目闊口，面部泥金，赤髮上揚。頭戴五葉花冠，身形粗壯，肩披帛帶，佩飾珍寶瓔珞，右主臂手托摩尼寶，另兩手分持鉞刀、兆鼓；左主臂手托顱器，內盛寶瓶，其它手分持三股叉與金剛鈎。腰束長裙，短粗腿，腳下踏象首神，下承仰覆蓮台座。

白勇保護法亦名白如意寶怙主，是六臂護法之異相，兼有護法與財神的雙重神性。

201

獅面佛母立像
17—18世紀
西藏
銅鎏金　高22.5厘米
清宮舊藏

Standing statue of Simhavaktra
17th–18th Century
Tibet
Gilt copper
Height: 22.5cm
Qing Court collection

佛母三目圓睜，獅鼻闊口，赤髮上揚。戴五骷髏冠，身上疊披人、獸皮，垂掛五十顆人頭大瓔珞，形象陰森可怖。右手上舉持鉞刀，左手托噶布拉血碗於胸前，單腿舞立姿，腳踏男魔。下承仰蓮台座。飾鏤空火燄紋背光，與主像體態相呼應，造型完美。

獅面佛母原為西藏本教神靈，傳為蓮華生大師降服而成為佛教之護法。

202

彌勒菩薩立像
17—18世紀
西藏
紫金　高22.5厘米
清宮舊藏

Standing statue of Maitreya
17th–18th Century
Tibet
Alloy copper
Height: 22.5cm
Qing Court collection

彌勒菩薩面相莊嚴，頭戴寶塔花冠。袒上身，佩飾瓔珞，斜披帛帶。右手結安慰印，左手持淨瓶。腰束刻花短裙，雙腳並立於仰覆蓮台座上。此造像除蓮座為黃銅質外，菩薩通身以“紫金琍瑪”鑄成。

此造像造型古樸、用材珍貴，是一尊難得的紫金琍瑪造像精品。

黃條：“大利益紫金琍瑪彌勒菩薩
乾隆五十五年（1790）九月二十四日收　鄂輝進”。

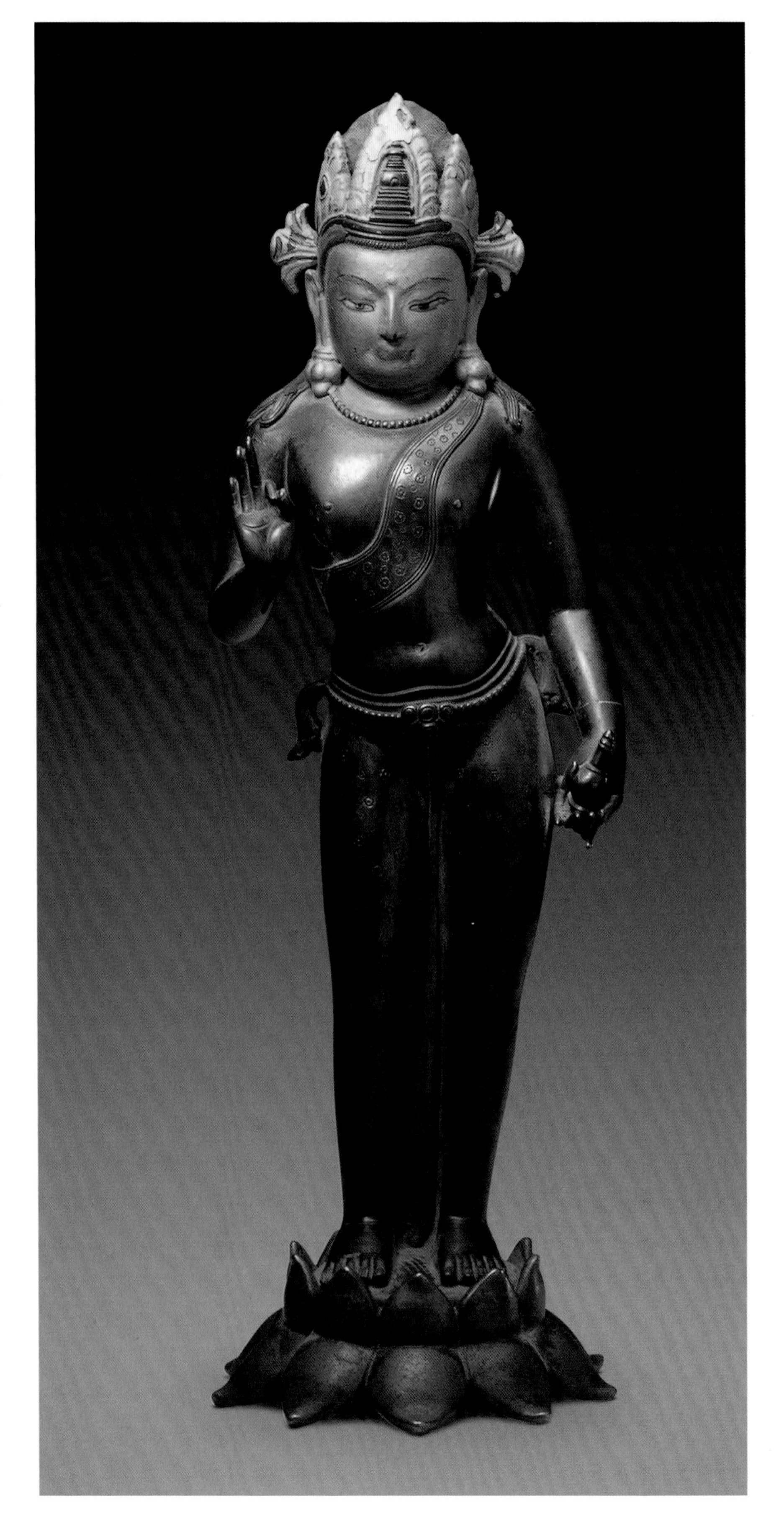

203

阿難尊者立像

18世紀
西藏
銅鎏金　高16厘米
清宮舊藏

Standing statue of Ananda
18th Century
Tibet
Gilt copper
Height: 16cm
Qing Court collection

阿難面相溫和善良，光頭，披天衣，身着袒右袈裟。右手持錫杖，左手結印，立於仰覆蓮座上。其造型受內地影響較大。

阿難是釋迦牟尼的堂弟，侍從釋迦二十五年，為"十大弟子"之一。長於記憶，被稱"多聞第一"。據説佛教第一次結集，由他誦出經藏。

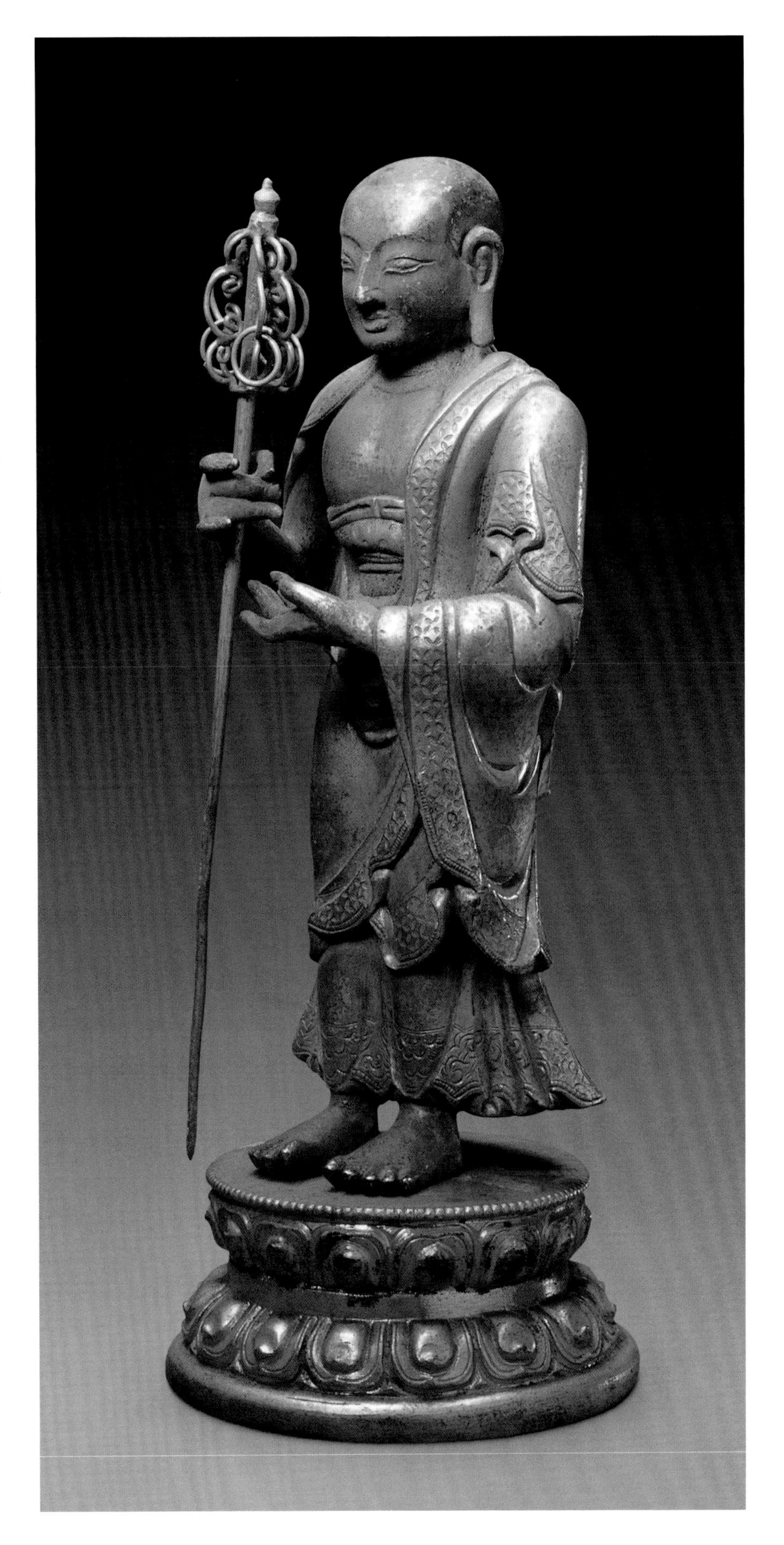

204

迦葉尊者立像
18世紀
西藏
銅鎏金　高14厘米
清宮舊藏

Standing statue of Kasyapa
18th Century
Tibet
Gilt copper
Height: 14cm
Qing Court collection

迦葉面相老成慈祥，光頭，披天衣，身着袒右袈裟。雙手結印，立於仰覆蓮台座上。雖為西藏製作，但具有較明顯的內地造像風格。

迦葉是釋迦佛十大弟子中年齡最長的一個，在內地佛教造像中，常與阿難一起塑於釋迦牟尼佛的左右，以代表佛陀的所有弟子。

205

降閻魔尊立像
18世紀
西藏
紫金　高42.5厘米
清宮舊藏

Standing statue of Yamantaka
18th Century
Tibet
Alloy copper
Height: 42.5cm
Qing Court collection

降閻魔尊水牛頭人身，頭戴骷髏冠，赤髮上揚。裸身形，大腹，垂掛人頭大瓔珞。右手高舉骷髏杖，左手持索繩，展左立，踏在水牛身上，水牛下壓着一裸身形長髮男人，即作惡者揶細。造像黑中泛紫，表面光潔。覆蓮座與鏤空火燄紋背光為紅銅鎏金，座下沿陰刻"大清乾隆年敬造"楷書款。座底板貼白綾一方，上書漢、滿、蒙、藏四種文字："乾隆四十五年(1780)十月二十七日　寧壽宮班禪額爾德尼恭進大利益玉帝主"。說明此造像是六世班禪在紫禁城寧壽宮唸經時進獻宮廷的。

206

十一面觀音立像

18世紀
西藏
黃銅鎏金　高44.8厘米
清宮舊藏

Standing statue of Eleven-faced Avalokitesvara

18th Century
Tibet
Gilt brass
Height: 44.8cm
Qing Court collection

觀音菩薩十一面八臂，最上一面為釋迦佛。肩披羊皮，帛帶繞身，腰束漢式長裙，裙面滿飾珠寶、瓔珞，鑲嵌珊瑚、松石。胸前雙手結合掌印，其餘六手各持法器，左右對稱成扇面形張開。覆蓮座下承仰覆蓮台，形式獨特。十一面觀音是觀音菩薩常見的一種化身。

207

綠度母坐像
18世紀
西藏
銅合金　高18厘米
清宮舊藏

Seated statue of Green Tara
18th Century
Tibet
Copper alloy
Height: 18cm
Qing Court collection

綠度母面相清秀，金面藍髮，高髮髻中立化佛。袒上身，斜披帛帶，身形苗條，裝飾簡約。右手結與願印，左手結吉祥印，身兩側飾蓮花。右舒坐，腳踏小朵蓮花。覆蓮座上雕刻花坐墊，座下承束腰方台。此造像採用了許多早期佛像的裝飾形式，刻綫深且幹練，韻味獨特。

208

黃布祿金剛坐像
17—18世紀
西藏
黃銅　高17厘米
清宮舊藏

Seated statue of Yellow Jambhala
17th–18th Century
Tibet
Brass
Height: 17cm
Qing Court collection

金剛面相慈善，雙目圓睜，頭略左仰，戴五葉花冠，體膚泥金。袒上身，大腹，佩飾珍寶瓔珞、耳璫、臂釧，並鑲嵌珊瑚、松石、青金等作為裝飾。右手持摩尼寶，左手撫吐寶鼬，鼬鼠口湧珠寶。腰下束裙，右舒坐，腳下蹬寶瓶，承仰覆蓮座。

黃條：“利益番銅……（殘）”。

內地類型造像

Style of Buddhist Statue in Inland

209

文殊菩薩坐像
元大德
內地
黃銅鎏金　高18厘米
清宮舊藏

Seated statue of Manjusri
Dade Period, Yuan Dynasty
Inland
Gilt brass
Height: 18cm
Qing Court collection

文殊菩薩方面廣額，頭戴五葉寶冠，上嵌松石、珊瑚及各色料珠。袒上身，雙手持蓮枝結說法印，腰下束長裙，薄裙光滑貼體，在裙裾處雕兩道聯珠綫，綫間刻花紋，全跏趺坐。下承仰覆蓮座，座上下沿飾聯珠紋。紅銅底板，中心陰刻十字杵紋，邊刻銘文："奉佛高全信一家　舍財造文殊師利一尊　報答父母養育之恩　一切眾生共成佛道　大德九年(1305)五月十五日記耳"。

此造像是目前所發現的有可靠記錄的年代最早的藏傳金銅佛像，是尼泊爾匠師阿尼哥所傳梵式造像的珍貴實例。

210

釋迦牟尼佛坐像

元至元
內地
黃銅　高21.5厘米

Seated statue of Sakyamuni
Zhiyuan Period, Yuan Dynasty
Inland
Brass
Height: 21.5cm

釋迦佛彎眉長目，眉間白毫凸起，小口，呈微笑的童子相。螺髮高髻，頂飾寶珠，寬肩細腰，着袒右袈裟，衣褶平緩，自然流暢。右手結觸地印，左手結禪定印，全跏趺坐。下承仰覆蓮座，座前雕多層寬蓮瓣，座後光素，刻銘文："出家釋子智威（殘）丁男仲仁貴仲仁智仲仁謙　信眷楊氏單奇一家善眷等發心鑄釋迦佛　一家向（殘）諸佛加被星天護此世來生福報無盡　歲次丙子至元二年（1336）八月望日謹題"。

此造像與前圖同為14世紀內地所造藏傳金銅佛的標尺文物，是一尊珍貴的有準確記載的造像。

211

無量壽佛坐像
明洪武
內地
紅銅錯金　高24.5厘米

Seated statue of Amitayus
Hongwu Period, Ming Dynasty
Inland
Copper with gold inlay
Height: 24.5cm

無量壽佛垂目含笑，頭戴寶冠，束高髮髻。袒上身，佩飾瓔珞、臂釧，帛帶上飄，雙手托無量寶瓶。腰束刻花錯金裙，全跏趺坐。下承仰蓮座，座下為多層折角方台，台後刻“洪武年敬施”楷書款。鏤雕寶座式背光，仿自東北印度早期帕拉造像，頂部正中雕大鵬鳥，左右對稱雕飛鳥、獅子、捲雲等。

此造像是明洪武年間(1368—1398)流傳內地的藏傳佛像的寶貴實物。

212

釋迦牟尼佛坐像
明永樂
內地
黃銅鎏金　高22厘米

Seated statue of Sakyamuni
Yongle Period, Ming Dynasty
Inland
Gilt brass
Height: 22cm

釋迦佛面相方圓，神態莊嚴和悅，螺髮高髻，寬肩細腰，肌膚豐滿圓潤。着袒右袈裟，衣褶起伏自然。右手結觸地印，左手結禪定印，全跏趺坐。下承仰覆蓮座，蓮瓣細長圓鼓，瓣尖雕捲雲紋，上下邊緣飾聯珠紋。座面刻"大明永樂年施"楷書款。

此造像造型吸收西藏藝術因素，具有漢藏合璧的特色，是明永樂年間（1403—1424）宮廷製作的造像。

213

金剛薩埵坐像
明永樂
內地
黃銅鎏金　高21厘米

Seated statue of Vajrasattva
Yongle Period, Ming Dynasty
Inland
Gilt brass
Height: 21cm

金剛薩埵面相豐滿端正，三目圓睜。頭戴花冠，雕飾精美。袒上身，肩披帛帶，佩飾瓔珞、臂釧。右手持物已佚，左手持金剛鈴。細腰，小腹部緊收，腰束裙，衣褶轉折流暢，全跏趺坐。下承仰覆蓮座，上下邊緣飾聯珠紋。座面陰刻“大明永樂年施”楷書款。

214

文殊菩薩坐像
明永樂
內地
黃銅鎏金　高20.5厘米

Seated statue of Manjusri
Yongle Period, Ming Dynasty
Inland
Gilt brass
Height: 20.5cm

文殊菩薩面相豐滿端正，神態靜穆。頭戴五葉寶冠，高髮髻，袒上身，瓔珞、臂釧雕飾精美。雙手持蓮花，結說法印，左右肩蓮花上分別托劍和梵篋。腰束長裙，衣褶摺疊流暢，全跏趺坐。下承仰覆蓮座，瓣尖上捲成三顆圓珠狀，上下邊緣飾聯珠紋。座面陰刻“大明永樂年施”楷書款。

215

秘密文殊菩薩坐像
明永樂
內地
黃銅鎏金　高21厘米
清宮舊藏

Seated statue of Secret Manjusri
Yongle Period, Ming Dynasty
Inland
Gilt brass
Height: 21cm
Qing Court collection

文殊菩薩一頭四臂，垂目俯視，神態靜穆。頭戴五葉寶冠，袒上身，細腰束裙，褶紋轉折自如，流暢起伏，瀟灑飄逸。前右手上舉持劍，左手結吉祥印；後右手持箭，左手上舉持弓，全跏趺坐。下承仰覆蓮座，蓮瓣細長挺拔，上下邊緣飾聯珠紋。座面陰刻"大明永樂年施"楷書款。

此造像注重對衣着褶紋的刻畫，其風格對十五世紀後的西藏造像影響很大。

216

寶生佛坐像
明永樂
內地
黃銅鎏金　高21厘米

Seated statue of Ratnasambhava
Yongle Period, Ming Dynasty
Inland
Gilt brass
Height: 21cm

寶生佛面相豐滿，雙眼細睢，嘴角含笑。頭戴五葉寶冠，髮髻雕刻精細，繒帶上飄，垂輪式耳環。袒上身，肩披帛帶，下裙褶紋粗大，流暢自如。右手結與願印，左手結禪定印，全跏趺坐。下承仰覆蓮座，蓮瓣尖端上捲，呈三顆圓珠狀，上下邊緣飾聯珠紋。座面陰刻“大明永樂年施”楷書款。

217

無量壽佛坐像
明永樂
內地
黃銅鎏金　高25厘米

Seated statue of Amitayus
Yongle Period, Ming Dynasty
Inland
Gilt brass
Height: 25cm

無量壽佛面相飽滿，垂目俯視，高鼻薄唇，略含笑意。頭戴五葉寶冠，葫蘆式髮髻，上飾摩尼寶珠，雕飾精美。袒上身，帔帛、下裙褶紋流暢。雙手結法界定印，上托無量寶瓶，全跏趺坐。下承仰覆蓮座，蓮瓣瘦長挺拔，尖端上捲雕捲雲紋，上下邊緣飾聯珠紋。座面陰刻"大明永樂年施"楷書款。

218

無量壽佛坐像
明宣德
內地
黃銅鎏金　高26厘米

Seated statue of Amitayus
Xuande Period, Ming Dynasty
Inland
Gilt brass
Height: 26cm

無量壽佛面相端莊，表情含蓄。頭戴五葉寶冠（殘），束葫蘆形髮髻，上飾摩尼寶珠。袒上身，披帔帛，佩飾瓔珞、環釧，腰束長裙，衣褶轉折自如，流暢飄逸。雙手結法界定印，上托無量寶瓶，全跏趺坐。下承仰覆蓮座，蓮瓣尖上捲雕捲雲紋，上下邊緣飾聯珠紋。座面陰刻“大明宣德年施”楷書款。

此造像與前圖造型一脈相承，裝飾繁瑣，製作精美。

219

金剛薩埵坐像

明宣德

內地

黃銅鎏金　高26.5厘米

Seated statue of Vajrasattva

Xuande Period, Ming Dynasty

Inland

Gilt brass

Height: 26.5cm

金剛薩埵面相端莊，略含笑意，嘴唇刻畫細膩。頭戴五葉寶冠（殘），束菩薩髮髻。袒上身，腰部纖細，微扭身姿，姿態優美。身佩瓔珞、環釧、耳環，上嵌寶飾，帔帛及下裙紋褶轉折流暢。右手所持金剛杵已佚，左手持金剛鈴，全跏趺坐。下承仰覆蓮座，蓮瓣細長挺拔，瓣尖上捲雕捲雲紋，上下邊緣飾聯珠紋。座面陰刻"大明宣德年施"楷書款。

220

釋迦牟尼佛坐像
明宣德
內地
紅銅鎏金　高16厘米

Seated statue of Sakyamuni
Xuande Period, Ming Dynasty
Inland
Gilt copper
Height: 16cm

釋迦佛面相莊嚴，螺髮高髻，着袒右袈裟，右肩頭搭覆袈裟一角，通體無衣褶，衣緣處綴兩行聯珠紋，其間鏨刻花葉紋邊飾。右手結觸地印，左手結禪定印，全跏趺坐。下承仰覆蓮座，上下邊緣飾聯珠紋，座後無蓮瓣。座面陰刻“宣德元年（1426）三月初十日賞”楷書款。

此造像造型簡潔，與這一時期宮廷所造佛像不同，而與同期西藏工匠作品一致，可見西藏佛像藝術對內地造像工藝的影響。

221

觀音菩薩坐像
明正統
內地
黃銅鎏金　高25厘米

Seated statue of Avalokitesvara
Zhengtong Period, Ming Dynasty
Inland
Gilt brass
Height: 25cm

觀音菩薩面相方圓，頭戴五葉寶冠，髮髻前有化佛。袒上身，披帔帛，飾臂釧，腰束長裙。雙手持蓮枝，右手結與願印，左手結心印，右舒坐。下承仰覆蓮座，座後下沿陰刻“正統六年（1441）七月吉日造”楷書款。

此造像細節與宣德宮廷像一致，但身形比例失調，頭大身短，是明代正統年間（1436—1449）的民間作品。

222

無量壽佛坐像

明景泰
內地
黃銅　高14.5厘米

Seated statue of Amitayus

Jingtai Period, Ming Dynasty
Inland
Brass
Height: 14.5cm

無量壽佛長目修鼻，略含微笑。頭戴五葉寶冠，身飾瓔珞，雙手結禪定印，上捧無量寶瓶，全跏趺坐。下承仰覆蓮座，上下邊緣雕聯珠紋。座下沿陰刻“景泰五年（1454）九月吉日造　信士藏福（殘）另藏（殘）另藏泉”款。

此造像刻有紀年，形式與宣德宮廷像基本一致，但細節簡化，工藝粗糙。

223

釋迦牟尼佛坐像
明嘉靖
內地
黃銅泥金　高17厘米

Seated statue of Sakyamuni
Jiajing Period, Ming Dynasty
Inland
Gold-overlaid brass
Height: 17cm

釋迦佛面相渾圓，神態莊嚴。着袒右袈裟，右肩頭搭覆袈裟一角，衣褶起伏自然，雙手結說法印，全跏趺坐。下承仰覆蓮座，蓮瓣圓鼓，座後無蓮瓣。座上陰刻“嘉靖十二年（1533）十一月吉日”楷書款。

此造像細節簡化，工藝較粗糙。

224

藥師佛坐像
15世紀
內地
黃銅鎏金　高35厘米

Seated statue of Buddha of Medicine
15th Century
Inland
Gilt brass
Height: 35cm

藥師佛面相豐滿，雙眼細長俯視，嘴角上翹。螺髮上雕肉髻珠和頂嚴，耳垂鑽孔，着袒右袈裟，胸正中刻“卍”字。右手持果，左手結禪定印，全跏趺坐。下承仰覆蓮座，蓮瓣略寬扁，瓣尖上捲。

此造像為漢式造像，吸收了西藏佛像的藝術因素。

225

觀音菩薩立像
15世紀
內地
黃銅　高46.5厘米

Standing statue of Avalokitesvara
15th Century
Inland
Brass
Height: 46.5cm

觀音菩薩面相豐腴，雙眼細瞇，修鼻小口，神態靜穆。戴五葉寶冠，造形借鑑西藏佛像形式。着漢式菩薩裝，上飾瓔珞，褶紋繁密寫實，衣緣雕刻精美的花朵紋邊飾。帛帶自雙臂彎轉垂下，至蓮座上捲外揚。雙手結持花印，持蓮花，蓮花上托鸚鵡、淨瓶。下承仰覆蓮座，上層為蓮葉，下層為蓮瓣，瓣尖上捲雕捲雲紋，座下緣雕聯珠紋。

226

四臂觀音菩薩坐像
清康熙
內地
黃銅鎏金　高73厘米
清宮舊藏

Seated statue of Four-armed Avalokitesvara
Kangxi Period, Qing Dynasty
Inland
Gilt brass
Height: 73cm
Qing Court collection

觀音菩薩面相慈悲。頭戴五葉寶冠，束葫蘆式髮髻，袒上身，佩飾項鏈、瓔珞，鑲嵌珍珠、寶石，雍容華貴。腰束長裙，衣紋起伏自然。胸前雙手結合掌印，身後右手持物已佚，左手持蓮花，全跏趺坐。下承仰覆蓮座，蓮瓣雕捲雲紋。蓮座下邊陰刻漢、滿、蒙、藏四種銘文："大清昭聖慈壽恭簡安懿章慶敦惠溫莊康和仁宣弘靖太皇太后 虔奉三寶福庇萬靈 自於康熙二十五年（1686）歲次丙寅奉聖諭不日告成 永念聖祖母仁慈垂佑眾生 更賴菩薩感應聖壽無疆云爾"。

此造像基本保持明永樂、宣德造像的形式，但細節已多有變化，是清初宮廷造像的珍品。

227

無量壽佛坐像
清康熙
內地
黃銅鎏金　高22厘米
清宮舊藏

Seated statue of Amitayus
Kangxi Period, Qing Dynasty
Inland
Gilt brass
Height: 22cm
Qing Court collection

無量壽佛面相俊秀，眉間白毫鑲嵌大東珠。頭戴五葉寶冠，冠葉鏤空，鑲嵌各色寶石、珍珠。袒上身，胸前垂掛項鏈三道，帛帶繞身。腰束長裙，衣褶起伏，衣緣刻纏枝花紋邊飾。雙手結禪定印，上托無量寶瓶，全跏趺坐於仰覆蓮座上。蓮座前垂雙飾帶，蓮瓣肥大，上雕捲雲紋。此造像風格精細華麗，仍可見明永樂、宣德佛像的特色。

228

無量壽佛坐像
清康熙
內地
黃銅鎏金　高24.5厘米
清宮舊藏

Seated statue of Amitayus
Kangxi Period, Qing Dynasty
Inland
Gilt brass
Height: 24.5cm
Qing Court collection

無量壽佛面相清秀，神態莊嚴。頭戴五葉寶冠，長髮覆肩。袒上身，胸腹平滑而無生氣，佩飾華麗，鑲嵌寶石。腰束長裙，衣褶起伏，自然流暢。雙手托無量寶瓶，全跏趺坐。下承仰蓮座，蓮瓣分為四層，每瓣單獨製做，再用鉚釘連接而成，形式獨特，造型優美。

229

大持金剛坐像
清康熙
內地
黃銅鎏金　高16.5厘米
清宮舊藏

Seated statue of Vajradhara
Kangxi Period, Qing Dynasty
Inland
Gilt brass
Height: 16.5cm
Qing Court collection

金剛面相莊嚴，頭戴五葉寶冠，耳後有束髮繒帶，戴大耳璫。袒上身，披帛帶，佩飾瓔珞、臂釧。雙手在胸前交叉，右手持金剛杵，左手持金剛鈴，全跏趺坐。下承仰蓮座，蓮瓣四層。佛與蓮座分別製作，不鉚接。座底板平整，鎏金刻十字杵紋，工藝精湛。

大持金剛是藏傳佛教密宗主尊，地位崇高，密教說此佛為釋迦佛說密法時顯現的形象，又稱為本初佛。

230

綠度母坐像
清康熙
內地
黃銅鎏金　高16厘米
清宮舊藏

Seated statue of Green Tara
Kangxi Period, Qing Dynasty
Inland
Gilt brass
Height: 16cm
Qing Court collection

綠度母面相清瘦，神態肅穆。頭戴寶冠，袒上身，隆乳細腰，披帛帶，佩飾瓔珞、臂釧。腰束長裙，衣褶表現自然。雙手持蓮花枝，右手結與願印，左手結心印，右舒坐，腳踏蓮花。下承仰蓮座，蓮瓣四層，每片蓮瓣都單獨打製鎏金，然後分層排列鉚接一起，形式優美。

231

白度母坐像
清乾隆
內地
青銅　高72厘米
清宮舊藏

Seated statue of White Tara
Qianlong Period, Qing Dynasty
Inland
Bronze
Height: 72cm
Qing Court collection

白度母儀態端莊，溫婉秀麗。五葉寶冠精美華麗，繒帶上揚，豐乳細腰，姿態典雅。胸前斜披寬帛帶，佩飾珠寶項鏈、瓔珞、臂釧。下裙刻花紋和細繩狀凸起的衣紋，並鑲嵌金銀絲、寶石。右手結與願印，左手結心印，全跏趺坐。身側雕刻的蓮花婀娜多姿。下承仰覆蓮座。此造像是一尊富有尼泊爾造像韻味的珍品。

232

救度餓口釋迦牟尼佛坐像

清乾隆
內地
紅銅　高27厘米
清宮舊藏

Seated statue of Shakyamuni

Qianlong Period, Qing Dynasty
Inland
Copper
Height: 27cm
Qing Court collection

在七枝蓮梗上分立四層蓮座，正中最高層的釋迦佛，為寶冠佛形象；下一層左右分坐二佛，再下一層左右分坐二菩薩，右邊為彌勒，左邊為觀音，第四層左右各雕一塔。中心蓮梗間雕二禪定佛。在水中的是兩位龍王，下承長方形台座。

此造像仿克什米爾的造像（圖22）製作，工藝精細，綫條規整，並將原作綫條模糊之處雕刻得清晰準確，顯示了清宮造辦處工匠的高超技藝。但過於標準化，缺乏原作的自然神韻和時代氣息。

佛龕後有漢文題記：“乾隆二十六年（1761）九月十六日　欽命章嘉胡土克圖認看供奉利益新造同侍從救度餓口釋迦牟尼佛”。

233

釋迦牟尼佛坐像

清乾隆
內地
黃銅　高69厘米
清宮舊藏

Seated statue of Sakyamuni

Qianlong Period, Qing Dynasty
Inland
Brass
Height: 69cm
Qing Court collection

釋迦佛面相豐滿，神態莊重慈祥。體魄雄健，着袒右袈裟，衣褶為細密規整的波浪紋，雙手結說法印，全跏趺坐。坐墊側面用減地法刻團花圖案，鏨刻精湛。下承克什米爾式鏤空雙獅方座，前面正中雕力士托舉台面，兩側為獅子和怪獸守護，四角雕刻花圓柱。台座下邊鐫陽文“大清乾隆年敬造”楷書款。

此造像佛身與台座分鑄，是清乾隆時期宮廷仿克什米爾古佛像的珍貴作品。

234

秘密文殊菩薩坐像
清乾隆
內地
紅銅　高77.5厘米
清宮舊藏

Seated statue of Sectet Manjusri
Qianlong Period, Qing Dynasty
Inland
Copper
Height: 77.5cm
Qing Court collection

文殊菩薩三面四臂，面相莊嚴。頭戴花冠，冠前垂珠，高髮髻嵌摩尼寶珠，垂大耳環。袒上身，佩瓔珞，肩披帛帶。腰束長裙，上飾嵌銀絲纏枝花紋。身前右手持劍，左手持蓮花枝，上托經篋；身後右手持箭，左手持弓，手勢優雅。全跏趺坐於仰覆蓮座上，座上沿雕聯珠紋。

235

四臂佛母坐像
清乾隆
內地
黃銅　高34厘米
清宮舊藏

Seated statue of Four-armed Goddess
Qianlong Period, Qing Dynasty
Inland
Brass
Height: 34cm
Qing Court collection

佛母三面四臂，面部泥金，赤髮，頭戴骷髏冠，冠前垂珠，大耳環。袒上身，佩飾瓔珞，肩披帛帶。四臂飾細繩狀花紋，身前右手結期克印，左手持天杖；後右手持繩索，左手持法輪。腰下束裙，裙面刻花嵌銀絲。半跏趺坐於仰覆蓮座上，座上沿雕聯珠紋。

236

觀音菩薩坐像
清乾隆
內地
銅鎏金　高34厘米
清宮舊藏

Seated statue of Avalokitesvara
Qianlong Period, Qing Dynasty
Inland
Gilt copper
Height: 34cm
Qing Court collection

觀音面相豐滿圓潤，雙眼細長，嘴唇刻畫生動，神態安詳。戴五葉冠，高髮髻上飾摩尼珠。袒上身，胸垂瓔珞，臂飾環釧，帔帛和下裙衣褶轉折自如。寶冠、瓔珞、環釧均鑲嵌松石。雙手持蓮花，結説法印，全跏趺坐。下承仰蓮座，雙層光素蓮瓣。蓮座上陰刻“大清乾隆年敬造”楷書款。

237

無量壽佛坐像
清乾隆
內地
銀　高55.5厘米
清宮舊藏

Seated statue of Amitayus
Qianlong Period, Qing Dynasty
Inland
Silver
Height: 55.5cm
Qing Court collection

無量壽佛面相清瘦，雙眼大張，高鼻、小口、薄唇。戴五葉寶冠，葫蘆式高髮髻上飾摩尼寶珠。寶冠、耳墜、項鏈、環釧、寶瓶嵌飾珠寶。袒上身，肩寬腰細，帛帶自雙肩彎轉垂下，至蓮座曲捲上揚，下裙褶紋用凹溝表現。雙手結法界印，上托無量寶瓶，全跏趺坐。下承仰覆蓮座，雕三層聯珠紋。座底邊陰刻“大清乾隆年敬造”仿宋款。

238

無量壽佛坐像
清乾隆
內地
銅鎏金　高27.5厘米
清宮舊藏

Seated statue of Amitayus
Qianlong Period, Qing Dynasty
Inland
Gilt copper
Height: 27.5cm
Qing Court collection

無量壽佛面相清秀，頭戴五葉寶冠，袒上身，佩飾瓔珞，肩披帛帶，腰下束裙，衣緣陰刻勾蓮紋邊飾，鏨工精細。雙手結禪定印，上托無量寶瓶，全跏趺坐。下承掐絲琺瑯仰覆蓮座。此造像工藝精湛，色彩明艷而不失典雅，是一尊做工別致的造像上品。從整體風格及琺瑯工藝的角度考察，應是清乾隆時期的盛世之作。

239

六臂勇保護法立像
清乾隆
內地
紫金　高74厘米
清宮舊藏

Standing statue of Six-armed Mahakala
Qianlong Period, Qing Dynasty
Inland
Alloy copper
Height: 74cm
Qing Court collection

勇保護法面目猙獰，呈忿怒相。戴五骷髏冠，火燄髮。身形粗壯，大腹，垂掛人頭大瓔珞，肩飄帛帶。六臂，胸前兩手持噶布拉血碗和鉞刀；右面後兩手持噶布拉鼓、骷髏珠；左面後兩手持索繩、三股叉。展左立，腳下踏手捧噶布拉血碗的象頭神。下承仰覆蓮座，背襯鏤空火燄紋背光。

六臂勇保護法又稱六臂大黑天，為大自在天的化身，是藏密的護法神。民間又傳為戰神、施福之神，在西藏極受尊崇。

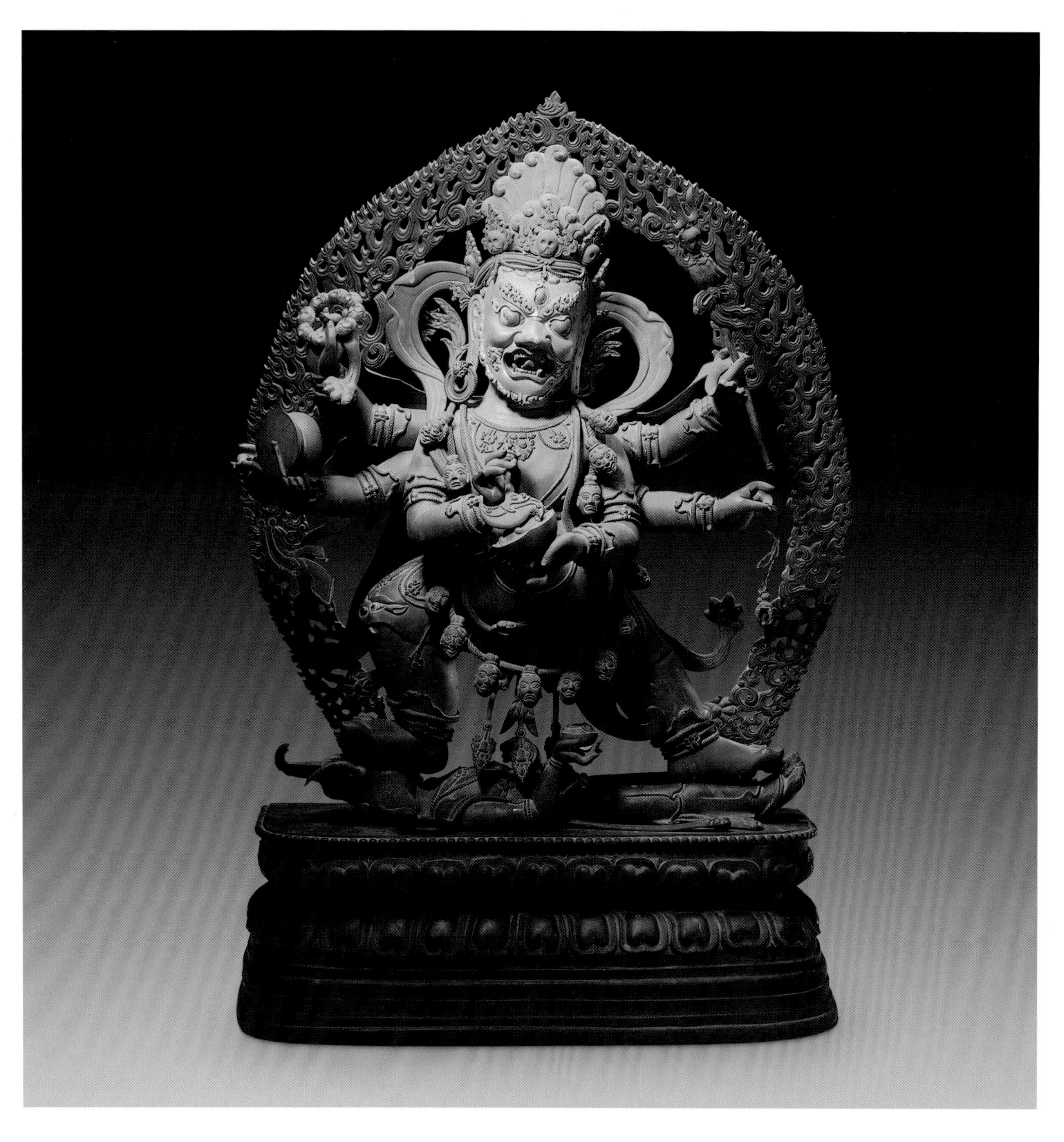

240

大輪金剛手立像

清乾隆
內地
紅銅　高50.5厘米
清宮舊藏

Standing statue of Mahachakravajra
Qianlong Period, Qing Dynasty
Inland
Copper
Height: 50.5cm
Qing Court collection

金剛手三面六臂，圓睜怒目，口咬長蛇，形象兇猛狂暴。身形粗壯，腰束虎皮裙。身前兩臂擁抱佛母，右手施無畏印，左手結與願印；後四手或持法器或抓住蛇兩端，蛇頭尾與二魔神一起被踏於腳下，生動表現了嫉惡如仇的氣概。佛母裸身形，手持噶布拉血碗和鉞刀。下承仰覆蓮座，座下邊陰刻“大清乾隆年敬造”宋體款。

大輪金剛手是金剛手菩薩的忿怒相，密宗說其能降伏龍魔。

241

吉祥天母坐像
清乾隆
內地
紅銅　高109厘米
清宮舊藏

Seated statue of Palden Lhamo
Qianlong Period, Qing Dynasty
Inland
Copper
Height: 109cm
Qing Court collection

天母三目圓睜，火燄眉，口啣活人，呈忿怒相。頭戴五骷髏冠，赤髮髻。身形粗壯，袒胸垂乳，披人皮，掛人頭大瓔珞，腰束虎皮裙。右手舉骷髏杖，左手托噶布拉血碗，乘坐在騾背上，騾子臀部有兩隻眼睛，騾身繫人皮。底座上雕波浪起伏的海水，四邊雕出綿延的山形，底沿陰刻“大清乾隆年敬造”仿宋款。

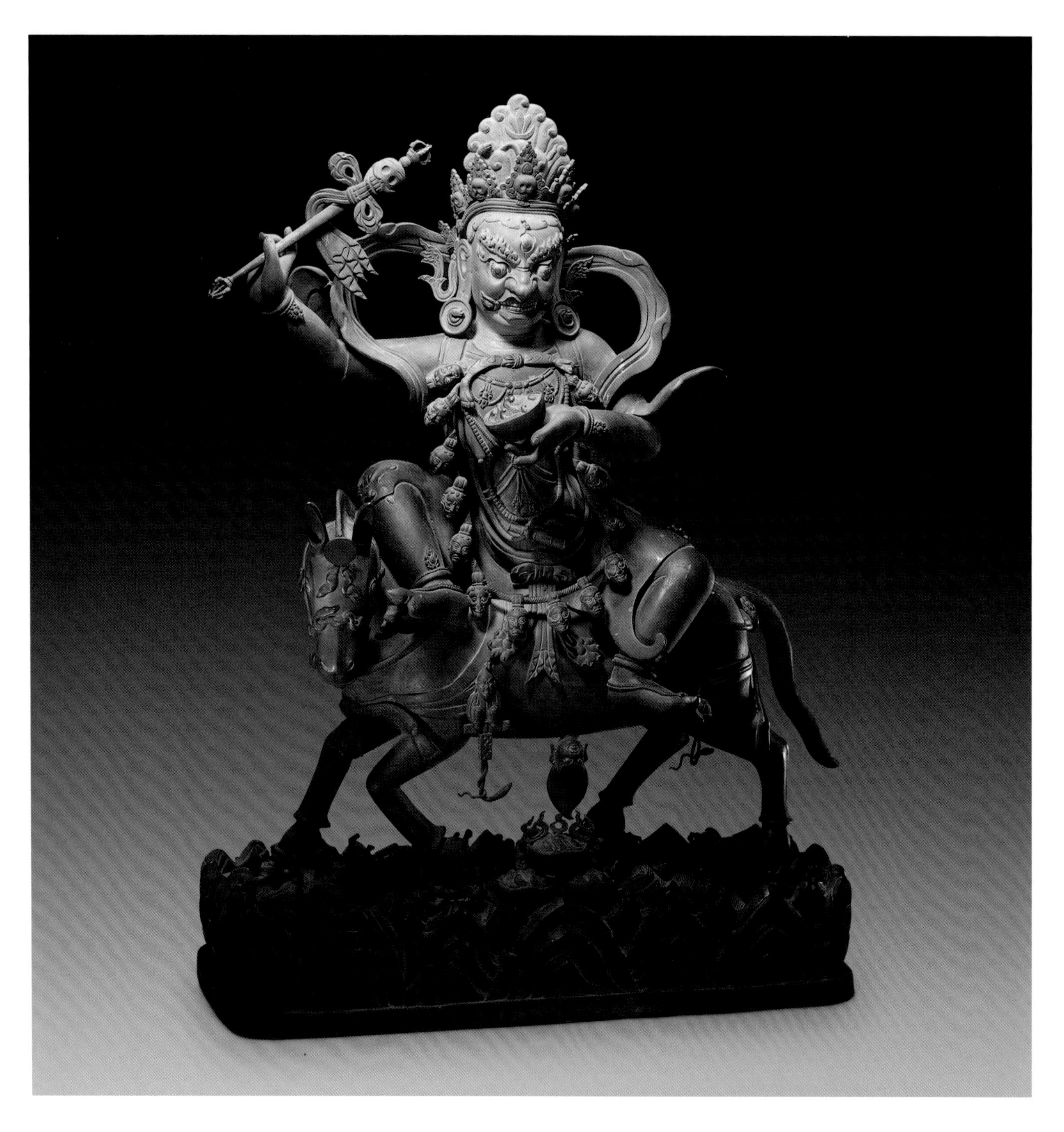

242

大威德金剛立像
清乾隆
內地
紅銅　高93厘米
清宮舊藏

Standing statue of Yamantaka
Qianlong Period, Qing Dynasty
Inland
Copper
Height: 93cm
Qing Court collection

金剛九面三十四臂十六腿。碩大的水牛頭，金面赤髮，呈忿怒相，充滿威猛無敵的氣概。裸身形，大腹，胸前二臂，右手持鉞刀，左手持噶布拉血碗，多臂成扇形展開，各持法器。展左立，腳下踏八獸、八禽、八天王、八女明王，身姿強勁有力。下承仰覆蓮台座。

此造像鑄造精良，打磨光滑，綫條規整，一絲不苟，顯示出清乾隆時期宮廷造像的精湛的工藝水平。

大威德金剛，是文殊菩薩化身，有雙尊、單尊兩種造型，此造像為單尊的獨雄大威德金剛，是藏傳佛教諸神中形象最複雜的一尊。

243

降閻魔尊立像
清乾隆
內地
黃銅　高68厘米
清宮舊藏

Standing statue of Yamantaka
Qianlong Period, Qing Dynasty
Inland
Brass
Height: 68cm
Qing Court collection

降閻魔尊三面六臂，各面皆三目，怒睜環眼，鬚髮眉毛均赤色火燄形，闊口獠牙。兩主臂擁抱明妃，雙手持法器交於身前，另四臂分持金剛杵、劍、輪、花等法器。主尊與明妃皆戴骷髏冠，身飾瓔珞，明王更掛骷髏與人頭瓔珞直垂腳前，展左立於公牛背上，腳下踏人形。牛側首吐舌，曲腿跪蓮台上，座面陰刻“大清乾隆年敬造”款。

此造像整體強調鑄造的團塊實體感，雕塑意味濃重，是宮廷造像中的佳作。

244

智行佛母立像

清乾隆
內地
紅銅　高35.5厘米
清宮舊藏

Standing statue of Fairy Mother of Wisdom

Qianlong Period, Qing Dynasty
Inland
Copper
Height: 35.5cm
Qing Court collection

智行佛母一面四臂，張口怒吼。戴骷髏冠，裸身形，豐乳細腰，垂掛人頭大瓔珞。身前二手拉開烏巴拉花弓箭，後二手持蓮枝，右腿曲起，左腿獨立，舞立姿，單腳踏在一仰面朝天的惡神胸上。下承仰覆蓮台座。此造像比例勻稱，綫條流暢，繁茂的蓮枝與帛帶圍繞身體曲折翻轉，營造出強烈的動感。

245

空行佛母立像
清乾隆
內地
黃銅　高70厘米
清宮舊藏

Standing statue of Vajrayogini
Qianlong Period, Qing Dynasty
Inland
Brass
Height: 70cm
Qing Court collection

空行佛母張口怒視血碗。頭戴五葉骷髏冠，雙耳戴大耳環，裸身形，豐乳細腰，身飾瓔珞、環釧，垂掛骷髏大瓔珞。右手持鉞刀，左手持噶布拉血碗，人頭天杖倚左臂。展右立，雙腳下各踏一人。下承仰覆蓮台座，背飾鏤雕精美的火燄紋背光。此造像表情生動，動勢豪放，製作技藝精湛，為清乾隆時期宮廷造辦處所製。

246

綠度母立像
清乾隆
內地
紅銅　高80厘米
清宮舊藏

Standing statue of Green Tara
Qianlong Period, Qing Dynasty
Inland
Copper
Height: 80cm
Qing Court collection

綠度母長眉細目，面含微笑。頭戴五葉冠，冠前垂珠，高髮髻。袒上身，胸垂瓔珞，斜披刻花帛帶，腰束長裙，裙上刻花草紋飾，內嵌金銀絲。右手結與願印，左手結吉祥印，身兩側有長枝蓮花，婀娜多姿。姿態輕鬆自如，立於仰覆蓮台座上，背飾鏤空忍冬紋背光。

247

白度母坐像
清乾隆
內地
黃銅鎏金　高30厘米
清宮舊藏

Seated statue of White Tara
Qianlong Period, Qing Dynasty
Inland
Gilt brass
Height: 30cm
Qing Court collection

白度母三目微合，面相慈悲。頭戴五葉寶冠，袒上身，小乳細腰。手中有目，右手結與願印，持花枝，左手結吉祥印。腰下束裙，裙面光滑，只雕出裙邊褶紋，全跏趺坐。下承仰覆蓮座，座底板陰刻十字杵紋。

此造像工藝精細規整，是乾隆年間清宮造辦處所製。

248

宗喀巴坐像
清乾隆
內地
紫金　高58厘米
清宮舊藏

Seated statue of Tsongkhapa
Qianlong Period, Qing Dynasty
Inland
Alloy copper
Height: 58cm
Qing Court collection

宗喀巴面相豐圓，溫厚慈祥，雙眉間嵌大白毫。身着漢式僧袍，雙手結説法印，全跏趺坐，雙腿遮於袍下，下承仰覆蓮座。背光由繁茂的蓮花枝葉組成，上嵌各種珠寶，並雕上樂金剛小像，頂張傘蓋。背光後刻漢、滿、蒙、藏四種銘文：“乾隆四十六年（1781）歲在辛丑冬十月吉日　奉旨照西藏扎什倫布式成造紫金利益琍瑪宗喀巴　永興黃教　普證圓成　吉祥如意”。

此造像為清宮造辦處按照西藏扎什倫布寺宗喀巴坐像（圖193）仿做，工藝精湛，造型比原作簡潔。

249

六世班禪坐像
清乾隆
內地
銀間鎏金　高73.4厘米
清宮舊藏

Seated statue of the Sixth Panchen
Qianlong Period, Qing Dynasty
Inland
Silver with gilt gold
Height: 73.4cm
Qing Court collection

六世班禪面容豐腴，額間白毫處原嵌有東珠，闊鼻細目，面帶微笑。戴尖頂通人冠，冠耳垂肩，身着僧袍。帽子、臉部、衣緣、蓮座局部鎏金，衣緣處鏨刻精美的纏枝蓮紋邊飾。右手結安慰印，左手結法界定印，全跏趺坐，下承仰覆蓮座，座上沿雕聯珠紋。

此造像為參照真人所鑄，是乾隆皇帝為紀念六世班禪，於乾隆四十六年(1781) 特造，原供於雨花閣西配樓班禪影堂供案上。清宮檔案記載此造像：“銀間鍍金重六百二十七兩六錢”。

250

三世章嘉坐像
清乾隆
內地
銀間鎏金　高75厘米
清宮舊藏

Seated statue of the Third Changkya Rolpi Dorje
Qianlong Period, Qing Dynasty
Inland
Silver with gilt gold
Height: 75cm
Qing Court collection

章嘉面相豐圓，慈眉善目，鼻寬口闊，神態安詳。右面頰有一小包，是章嘉的面相特徵，匠師細心塑出，可見是具有寫實性的肖像。

此造像製作工藝精湛，局部鎏金，裝飾華麗，是乾隆時期宮廷造像的代表作品。

三世章嘉若必多吉是清代著名的黃教領袖，此造像是乾隆五十一年（1786）四月章嘉圓寂時，乾隆皇帝命宮廷匠師為他造的銀間鎏金像，供奉於雨花閣東配殿影堂。據清宮檔案記載，像重六百九十九兩一錢。

251

彌勒佛坐像
清乾隆
內地
銅胎掐絲琺瑯　高16厘米

Seated statue of Maitreya
Qianlong Period, Qing Dynasty
Inland
Cloisonn'e enamel with copper body
Height: 16cm

彌勒佛神態莊嚴，身着袒右袈裟，手結説法印，垂腳坐於束腰方台上，露肌膚處銅鎏金，袈裟和方座表面為掐絲琺瑯，袈裟為淺藍地滿飾夔鳳團花紋，邊飾為深藍地捲雲、纏枝蓮花紋。方台上嵌各色寶石釉料，五彩斑斕，精美華麗。

此造像是金銅佛像中的珍貴品種。

252

大威德金剛立像
17—18世紀
蒙古
黃銅鎏金　高38.8厘米
清宮舊藏

Standing statue of Yamantaka
17th-18th Century
Mongolia
Gilt brass
Height: 38.8cm
Qing Court collection

大威德金剛九面三十四臂十六足，呈忿怒相，前二手持鉞刀、噶布拉血碗，懷抱明妃羅浪雜娃，明妃裸身形。腳下踏八獸、八禽、八天王、八女明王，下承覆蓮台座。底板鎏金陰刻十字杵紋。

此造像造型特點是九頭比例加大，突出頂部的文殊本相，身體部分縮短，水牛頭角亦縮小。工藝精美，鎏金亮麗。

大威德金剛是文殊菩薩化身，有雙尊、單尊兩種造型，此造像是雙尊大威德像。

253

無量壽佛坐像
17—18世紀
蒙古
黃銅鎏金　高25.5厘米
清宮舊藏

Seated statue of Amitayus
17th–18th Century
Mongolia
Gilt brass
Height: 25.5cm
Qing Court collection

無量壽佛面相飽滿，雙目俯視，唇綫優美。頭戴五葉寶冠，束高髻，袒上身，珠鏈從雙乳外環繞。腰下裙薄透體，裙角的刻畫極富裝飾性。雙手結法界定印，上托無量寶瓶，全跏趺坐。下承仰覆蓮台座，蓮瓣上下相錯，座底板鎏金，陰刻十字杵紋。

254

大白傘蓋佛母坐像
17—18世紀
蒙古
黃銅鎏金　高14厘米
清宮舊藏

Seated statue of gdugs-dkar
17th–18th Century
Mongolia
Gilt brass
Height: 14cm
Qing Court collection

佛母臉側仰，雙眉高挑，雙目大張，高鼻小口。戴五葉寶冠，冠前垂珠，長髮披肩，袒上身，雙乳圓突，刻有聖綫，佩飾瓔珞、臂釧。腰下束裙，薄衣貼體。右手外揚，左手持傘蓋，全跏趺坐。三折扭身姿，姿態優美。下承仰覆蓮台座，座底板鎏金，陰刻十字杵紋。

255

文殊菩薩坐像
17—18世紀
蒙古
黃銅鎏金　高25.5厘米
清宮舊藏

Seated statue of Manjusri
17th–18th Century
Mongolia
Gilt brass
Height: 25.5cm
Qing Court collection

文殊面相方圓，眉間白毫凸起。頭戴五葉寶冠，雙重髮髻，上飾摩尼寶珠。袒上身，佩飾瓔珞、臂釧。腰下束裙，薄衣透體，刻有邊飾。右手上舉持劍，左手持蓮花，蓮花上托經篋。全跏趺坐。下承仰覆蓮台座，蓮瓣上下相錯，座底板鎏金，陰刻十字杵紋。

256

白財神浮雕曼荼羅
17—18世紀
西藏
陶土　高6.7厘米

Statue of White Jambhala
17th–18th Century
Tibet
Pottery
Height: 6.7cm

在長方形陶土浮雕曼荼羅中，白財神居中，身形粗壯，大腹，袒上身，纏繞帛帶，右手持杖，左手持金剛杵，右舒坐於大龍之上。下承仰蓮座，背飾素面身光和頭光。上部雕祖師，祖師左右雕日月。下方雕象徵五覺的供品，四隅為作舞立姿的空行佛母，地紋為浮雕蕉葉和梵文。

257

釋迦牟尼佛龕像
17—18世紀
西藏
象牙　高17厘米
清宮舊藏

Statue of Sakyamuni in a shrine
17th–18th Century
Tibet
Ivory
Height: 17cm
Qing Court collection

釋迦佛面相慈祥，彎眉垂目，眉間現白毫。螺髮高髻，着袒右袈裟，胸前雙手結説法印，全跏趺坐，下承仰覆蓮座，表現佛陀弘傳佛法的情景。此造型也被稱為轉法輪相。

像配間鎏金的銀質佛龕，下為束腰方形蓮座，龕門鑲玻璃，內襯紅色織金錦，龕外滿鑄各式裝飾紋樣，並銲鑄浮雕八吉祥於龕側壁上，工藝精湛。龕門下端鑄藏文讚辭，龕背陰刻漢、滿、蒙、藏四種銘文："章嘉胡土克圖恭進班禪額爾德尼歷輩供奉象牙成造大利益轉法輪釋迦牟尼佛"。從中可知此造像原為歷代班禪所供奉，後為章嘉國師進獻朝廷。

此造像為象牙雕刻而成，用材名貴，雕刻手法粗獷，與內地精雕細刻的牙雕工藝風格有所不同。

258

觀音菩薩立像
17—18世紀
內地
象牙　高23厘米

Standing statue of Avalokitesvara
17th–18th Century
Inland
Ivory
Height: 23cm

觀音菩薩面相豐腴，雙目俯視，安詳靜穆。頭戴寶冠，袒上身，肩披帛帶，右手結與願印，左手持蓮花，腰下束裙，只在擺角雕簡單的褶紋，雙腿繫褌帶。下承仰蓮座，背飾捲草紋身光和頭光。

259

空行佛母立像
17—18世紀
內地
象牙　高20厘米

Standing statue of Vajrayogini
17th–18th Century
Inland
Ivory
Height: 20cm

空行佛母面相微怒，三目仰視，張口欲飲血。頭戴五葉骷髏冠，裸身形，豐乳細腰，胸前垂掛五十顆骷髏組成的大瓔珞。下身滿飾瓔珞，前有後繫於腰間的玻璃珠裙飾。左手上舉持噶布拉血碗，右手持鉞刀。展右立，腳下無座。

260

阿底峽坐像
17—18世紀
內地
青玉　高15.3厘米

Seated statue of Atisa
17th–18th Century
Inland
Sapphire
Height: 15.3cm

阿底峽彎眉長目高鼻，神采奕奕，頭戴尖頂通人冠，身着袒右僧衣，衣薄透體。右臂支撐於身後，左臂置膝上，手掌上翻施無畏印，身右側依靠圓形軟囊，坐於雙層高墊上，姿態自然生動，雕刻工藝精湛。

阿底峽為印度高僧，東印度薩婐國人，曾任那爛陀寺和超岩寺主持。1038年應邀來西藏傳教，在阿里、衛藏等地講經，著《菩提道燈論》，對佛教在西藏的復興起了重大作用。1054年圓寂於拉薩附近的聶唐，被尊為噶當派祖師。